石塘村志

LOCAL RECORDS OF SHITANG

广东省仁化县石塘镇石塘村志编纂委员会　编

图书在版编目（CIP）数据

石塘村志 / 广东省仁化县石塘镇石塘村志编纂委员会编 . -- 北京：方志出版社，2018.11
（中国名村志丛书）
ISBN978-7-5144-3163-6

Ⅰ. ①石… Ⅱ. ①广… Ⅲ. ①村史—仁化县 Ⅳ. ① K296.55

中国版本图书馆 CIP 数据核字（2018）第 173181 号

·中国名村志丛书·

石塘村志

编　　者：广东省仁化县石塘镇石塘村志编纂委员会
责任编辑：张　颢

出 版 人：冀祥德
出 版 者：方志出版社
地址　北京市朝阳区潘家园东里 9 号（国家方志馆 4 层）
邮编　100021
网址　http://www.fzph.org
发　　行：方志出版社图书经销中心
电话　（010）67110500
经　　销：各地新华书店
排　　版：北京纺印图文设计制作有限公司
印　　刷：北京中科印刷有限公司

开　　本：787 × 1092　　1/16
印　　张：18.75
字　　数：341 千字
版　　次：2018 年 11 月第 1 版　　2018 年 11 月第 1 次印刷

ISBN 978-7-5144-3163-6　　定价：150.00 元

◉ 序一

中共十九大报告明确提出："坚定文化自信，推动社会主义文化繁荣兴盛。""没有高度的文化自信，没有文化的繁荣兴盛，就没有中华民族伟大复兴。要坚持中国特色社会主义文化发展道路，激发全民族文化创新创造活力，建设社会主义文化强国。"编修地方志是中华民族千百年来的固有传统，留下了浩如烟海的历史文献，承担着传承中华文明、发掘历史智慧的重任，发挥着存史、育人、资政的作用。

在习近平新时代中国特色社会主义思想指引下，在增强文化自信、推动传统文化创造性转化、创新性发展背景下，全国地方志事业迎来了开拓创新与转型升级的重要机遇期。中国地方志指导小组及其办公室组织实施的中国名村志文化工程，用中国独有的文化载体——地方志，来记录乡村的"名"和"特"，记录乡村全面建成小康社会的进程和取得的成就，是地方志围绕以人民为中心开拓创新的具体举措，是传承乡土文化、坚定文化自信、加快建设社会主义文化强国的内在要求，是服务乡村振兴战略、加快全面建成小康社会、推进社会主义现代化建设、实现中华民族伟大复兴中国梦的应有之义。

实施中国名村志文化工程，是方志人贯彻落实习近平总书记"农村要留得住绿水青山，系得住乡愁"重要讲话精神的重要举措。"望得见山、看得见水、记得住乡愁……"习近平总书记用诗意的语言为中国的新农村建设指明了方向。开展新农村建设、美丽乡村建设，一定要把绿水青山保留下来，尽可能在原有村庄形态上改善农民生活条件，不盲目拆旧，也不盲目造新，让家乡的每一条河、每一棵树、每一口井，都能永远成为我们的乡愁。这是我们弘扬传统、面向未来的底气所在。那么，如何留住乡音、乡风、乡思，继承传统文化菁华，挖掘历史智慧，成为极其重要的工作。实施中国名村志文化工程，保护抢救、传承保存、开发利用宝贵的村落文化，重新唤起人们记忆中古老村落的青山绿水、小河大树、轶事掌故，打造完整记录乡村发展嬗变和现代化农村经济社会运行模式的系列中国名村志丛书，让乡土文化回归并为困惑的当代人提供精神家园，让农耕文化的优秀菁华成为建构农村文明的底色，无疑具有重要的现实意义和深远的历史意义。

实施中国名村志文化工程，是方志人贯彻落实党中央乡村振兴战略的鲜活实践。中共十八大以来，以习近平同志为核心的党中央高度重视农业、农村、农民工作，提出了许多新理念、新思想、新战略，特别是中共十九大报告作出实施乡村振兴战略的重大部署。2018年9月26日，中共中央、国务院印发《乡村振兴战略规划（2018—2022年）》，明确提出“鼓励乡村史志修编”。深入推进中国名村志文化工程，有利于全面翔实记录乡村振兴进程，客观记载地理环境、历史沿革、姓氏源流、人口、民族、方言、民居、宗祠、风俗习惯、家谱族谱、家规族规、宗教信仰、文物遗址、掌故传说、历史事件、人物等，完整保留乡土文化的原貌。所有这些工作，可以为延伸地方志工作触角，充分发挥志书存史、育人、资政功能提供借鉴；可以为社会各界和华人华侨、港澳台同胞寻根问祖、反哺桑梓、泽被乡里提供帮助。依托中国名村志文化工程的重要平台与载体，乡村振兴战略下的现代乡村将进一步挖掘自身独特内涵，彰显其新时代的作用及意义。

中国名村志文化工程从新时代中国特色社会主义的新需求出发，创新体例，立足实际，内容既严谨又通俗，展示了不同地区自然和社会风貌，在坚持志体基础上运用专题报告、回忆录、人物访谈、新闻资料等多种手法，重点介绍农村地区在转型发展方面的探索、示范、引领意义，对于不断提高地方志事业围绕中心服务大局的能力，为乡村改革发展贡献历史智慧，讲好中国故事，彰显中国软实力，增强“四个自信”等方面具有积极意义。

两年来，在借鉴中国名镇志丛书及各地乡镇（村）志宝贵编纂经验的基础上，中国名村志丛书编修不断取得丰硕成果，产生了良好的社会效益，新一批中国名村志的申报数量、覆盖范围延续强劲增长态势，充分体现出强大的内生动力。下一步，要总结经验、把握规律，为服务国家城镇化建设和乡村振兴战略打造更多优秀文明成果，推动中华优秀传统文化创造性转化和创新性发展，从中提炼出适合新时代、新形势、新变化、新要求的文化精髓，展现中国方志的当代价值和世界意义。

是为序。

中国社会科学院院长
中国地方志指导小组组长 谢伏瞻

◉ 序二

连绵不断地编修地方志是中国独有的优秀文化传统，承担着赓续文明、传承文化的重任。保存至今的8000余种、10万余卷历代方志，蕴含着传统文化基因和海量文化信息，既是中华优秀传统文化的重要组成部分，又是传承、彰显中华优秀传统文化的重要载体。

在各种类型的地方志编纂中，村志编纂古已有之，但从未进入国家层面的地方志编纂序列。新中国成立以来，党中央、国务院高度重视包括村志编纂在内的地方志工作，出台了重要文件。中央领导发表了重要讲话、作出了重要批示。习近平总书记高度重视包括村志编纂在内的地方志工作。2004年10月，他在担任浙江省委书记时到江山市凤林镇白沙村考察，看到村民编纂的《白沙村志》，鼓励村民把村志继续编纂下去。2014年4月，刘延东副总理在与第五次全国地方志工作会议部分会议代表座谈时指出："要结合发展的新形势，加强对地方志包括部门志、行业志、专题志、乡镇村志编纂的业务指导和服务。"2015年8月，国务院办公厅印发的《全国地方志事业发展规划纲要（2015—2020年）》，正式将中国名村志文化工程列为主要任务之一。2017年5月，中共中央办公厅、国务院办公厅印发的《国家"十三五"时期文化发展改革规划纲要》指出："完成省、市、县三级地方志书出版工作。开展旧志整理和部分有条件的镇志、村志编纂。"可以说，村志编纂迎来了历史上的最好时期。

农业、农村、农民"三农"问题，是数千年来影响中国社会发展最核心的问题。中共中央高度重视"三农"工作，从2004年起，连续13年，每年的中央1号文件都聚焦"三农"。中共十九大报告更是提出"农业农村农民问题是关系国计民生的根本性问题，必须始终把解决好'三农'问题作为全党工作重中之重"，特别是提出了"乡村振兴战略"，这是中国共产党在中国特色社会主义进入新时代后，对农村发展问题所做出的准确把握和与时俱进的战略应对，是建设中国特色社会主义强国战略的重要组成部分。改革开放近40年来，在党中央、国务院高度重视社会主义新农村建设的新形势下，各地涌现出一大批历史文化名村、经济强村、新农村建设示范（试点）村、美丽乡村和特色村，成为先进生产力和先进文化的代表。客观记录中国农村全面建成小康社会的进程，向后人展示在中国共产党领导下农村千年未有的巨变，是地方志工作者肩负的光荣而重大的历史使命。编纂中国名村志丛书，是记载当代中国农村发展变革的重要途径。

文化寻根，寻的是其发展的源头和根基。村落是中国传统文化的根基所在。农村的生产生活方式、社会规范、宗族文化、宗教文化、民风习俗、传统节日、民间艺术等，无不镌刻着中国人独特的民族性格，这就是家国情怀、文脉绵延、精神归属。在快速城镇化进程的冲击和开发性破坏下，大量传统村落面临消亡的危机，村落蕴含的历史文化信息也流失殆尽，抢救性保护刻不容缓。编纂中国名村志丛书，是保存村落历史文化信息，抢救、保护村落文化最好的方式。

一方水土养一方人。家乡的山水草木、村间小巷、乡俗民情会在每个人心头留下深刻的烙印，这就是故土情结。而村落的形成与发展离不开人的活动。编纂中国名村志丛书，通过记述村落建筑、名门望族来追溯村落的历史；通过记述村落规模、布局、人口、物产等反映人口来源、宗族兴衰、生活习惯、文化背景、宗教信仰、经济发展等，体现环境与人相互影响、相互作用、相互发展的既矛盾又统一的关系；通过记述戏剧、音乐、舞蹈、美术、文学、手工技艺等文化形式，展示百姓在长期的生产生活实践中摸索和总结出的智慧结晶，强化人们沟通感情的纽带。编纂中国名村志丛书，是传承乡俗、诉说乡音、记住乡愁、纾解乡思，激活历史传统、唤起共同文化记忆、塑造共同心灵认同的重要文化工程。

中国名村志文化工程以践行文化自信、传承中华文脉、彰显时代发展为己任，以打造全国地方志系统的重要品牌为目标，在体裁运用、篇目设置、资料选择等方面进行大量的创新，突出“名”和“特”，拣选各个名村中最值得记述、最具有代表性的人、事、物，予以浓墨重彩的描画，从而形成系列的、高质量的、可读性强、雅俗共赏的地方志读本，让地方志紧接地气、贴近百姓，让地方志成果进入寻常百姓家，让人民群众共享地方志成果，让越来越多的人从地方志中感知传统、历史和记忆，成为传统村落和传统文化的守护者，成为中华优秀文化的传承者。

是为序。

中国社会科学院原院长
中国地方志指导小组原组长 王伟光

◉ 序三

习近平总书记指出："让居民望得见山，看得见水，记得住乡愁。"这句富有诗意的重要论述不仅唤醒了中国人城镇化建设过程中对于人和自然关系、人和历史关系的思考，同时也引发了学界对"乡愁"进一步进行文化意义解读的兴趣。从本质上看，乡愁是一种源自主体体验的情感，隐含了一种人们带着乡愁追寻自我生存与生命意义、追寻诗意栖居的精神家园的美学思辨。同时，这种追寻自我生存的主体逐渐转向大众群体，乡愁也由传统单一的"文化乡愁""爱国情怀"演变为对于"理想家园"的精神追求。

中国有近 60 万个村庄，约有 5000 个古村落，被住房城乡建设部和国家文物局界定的传统村落就有 1561 个。随着中国城镇化步伐的加快，乡村的版图日渐凋敝，大批农村青壮年劳动力走进城镇，融入了新的生活。然而，每逢传统佳节，那种挥之不去的离愁别绪挟裹着亿万农民工，又融入了返乡的滚滚洪流。这是乡愁的情愫牵动着他们，是故乡的山、故乡的水、故乡的老屋、故乡的小吃在牵动着他们，是故乡家家户户的楹联和口口相传的故事，以及只有在隆重的传统佳节才有的古老的民风习俗在牵动着他们。

文化可以体现一个民族、一个国家、一个社会的重量与体温，这是文化的力量之所在，而村落是传统中国的根脉所系，乡土社会是最能够体现中国传统文化特征的地方。梁漱溟曾指出："中国文化是以乡村为本，以乡村为重，所以中国文化的根就是乡村。"我曾在《建设社会主义新农村的理论与实践》一书中指出，在新农村建设的过程中，必须"保护和发展有地方和民族特色的优秀传统文化，创新农村文化生活的载体和手段，满足农民群众多层次、多方面的精神文化需求"，而编纂村志尤其是实施中国名村志文化工程就是一个重要举措。实施中国名村志文化工程，编纂中国名村志丛书，以最基层的村落为研究对象，寻根传统村落的历史，梳理村落的发展脉络，以唤起人们的归属感和认同感，探索新型城镇化和社会主义新农村建设过程中，如何留住乡音、乡风、乡思，继承传统文化精华，挖掘丰富历史智慧，是贯彻落实中央城镇化工作会议精神和中共十九大提出的“乡村振兴战略”的重要举措，是当前和今后一个时期全国地方志工作者的重要工作。

虽然村落文化正在日益远离当下生活，但我们可以抓住诸如基本村情、文物胜迹、古村保护、特色文化、旅游名胜、村域经济、风土民情、村民生活、新农村建设、艺文杂记、名人与名村等关键内容，通过志书的手法来诠释乡村文化的精华。我们如实记录着村落里的人和事，以及青山绿水、小河大树、袅袅炊烟，力争以最完整、最原真的方式呈现村落的前世今生。我们要为“迷失”的人留住乡村文化的根脉，让人们难以割舍的乡愁得以慰藉和释放。

中国名村志文化工程将触角伸向那些极具代表性的村落，它们有的历史悠久、名人辈出，有的经济腾飞、重获新生，有的风景秀丽、景观独特，有的地处边陲、神秘莫测……我们挖掘中国不同类型村落的发展之路，为探索新型城镇化和社会主义新农村建设的发展经验、发展模式、前进道路提供历史智慧和现实借鉴。因此，打造以重在表现乡村嬗变为主旨的中国名村志丛书十分必要和迫切，这是一项功在当代、利在千秋的文化工程。

近年来，随着中国经济社会的发展和国际地位的提高，越来越多的人想要认识中国、了解中国、研究中国。在这样的形势下，乡村是不可或缺的一环，我们要集中讲好发生在乡村的故事，向世界呈现一个多元的、立体的中国。乡村历经岁月变迁的风雨，见证着改革开放的步伐，寄托着数代中国人的情感。发生在乡村的故事无疑是血肉丰满的、震撼人心的、引起共鸣的。我们应该有这个自信能够讲好乡村故事，讲好中国故事，描绘出中国的底色，“让每一个中国人都能在地方志中找到自己的位置”。

可喜的是，越来越多的有识之士认识到了这一点，加入到保护、传承、发展村落文化的队伍中来。仅就编纂中国名村志丛书来看，第一批的申报范围就涵盖包括香港特别行政区在内的32个地区，申报数量高达70余部。“直笔著信史，彰善引风气，为当代提供资政辅治之参考，为后世留下堪存堪鉴之记述”，这是我们的初心和使命。希望中国名村志文化工程的实施，能够带动更多的人关注中国乡村文化，为社会主义文化强国建设作出更大的贡献。也希望越来越多的名村都来融入继承中华文化传统、颂扬中华传统文化的活动中，让正能量更多地润泽温暖人们的心灵，让更多的人“记得住乡愁”！

是为序。

中 国 社 会 科 学 院 副 院 长
中国地方志指导小组常务副组长

◉ 中国名村志文化工程专家委员会

◉ 中国名村志文化工程学术委员会

◉ 广东省中国名村志文化工程工作协作组

组　长 陈华康

副组长 刘　卫

成　员（以姓氏笔画排序）

丁伟志　王　涛　王道钰　邓翠萍　田　亮
吕汉光　朱正国　朱雄文　刘　波　刘路红
孙少娜　李文蔚　邱家秋　杨立勋　张世开
陈子新　陈　岚　陈宏亮　陈宝德　罗会明
郑安兴　钟伟基　钟涓泓　洪志勇　姚佑雄
莫秀吉　黄小晶　黄荣超　彭建伟

联络员 杨　波　黄　璐

◉ 广东省仁化县石塘镇石塘村志编纂委员会

顾　　问 曾　新　张晓辉　丁伟志　邓培雄　李征娥
丘光强　包伟红　江艳芬　叶文华

主　　编 徐诚林

副 主 编 彭丽云　周　嵘

执行主编 谢嘉文

执行副主编 李朝用

编　　辑 刘小东　陈　琳　王燕燕　李晓玲　李招环
李遵贤　刘耀东　谭丽珍　谢纪根

摄　　影 龙全明　谢嘉文

红色堡垒双峰寨（2010 年）　　龙全明　摄

◉中国名村志丛书凡例

一、以马克思列宁主义、毛泽东思想、邓小平理论、“三个代表”重要思想、科学发展观、习近平新时代中国特色社会主义思想为指导，坚持辩证唯物主义和历史唯物主义的立场、观点和方法，存真求实，全面、客观、系统记述中国名村村落发展变化进程和改革开放成果，传承和抢救乡土历史文化，激发爱国爱乡情怀，留住乡愁，为探索中国特色新型城镇化建设、服务乡村振兴战略提供历史智慧和现实借鉴。

二、为全面反映入志事物发展脉络，各志上限尽量追溯至事物发端，下限一般断至各村志启动编修年份，个别重大事项可延至搁笔。详今明古，着重反映时代特色和地方特点，重点体现各村的“名”与“特”。

三、记述地域范围以下限年份的行政辖区为主。为体现名村在更大区域内的意义，可以从更开阔的区域视野记述与该村相关的内容。

四、统一采用纲目体，设类目、分目、条目三个层次。横排门类，纵述史实，述而不论。

五、综合运用述、记、志、传、图、表、录等各种体裁，以志体为主。体裁运用适当创新，篇目设置不求面面俱到，一般意义上的村级内容略去不载。

六、除引用文字和附录文献资料外，统一使用规范的现代语体文记述，行文力求朴实、严谨、简洁、流畅、优美，具有较强可读性。

七、人物部类遵循“生不立传”原则，人物传主按生年排序，只选录对本村发展有重大影响的人物，不面面俱到。

八、各项数据一般采用国家统计部门数据。数据缺乏的，采用主管部门或主办单位正式提供的数据。

九、数字用法、标点符号、计量单位分别执行国家标准《出版物上数字用法》

（GB/T 15835—2011）、《标点符号用法》（GB/T 15834—2011）、《国际单位制及其应用》（GB 3100—1993）和《有关量、单位、符号的一般原则》（GB 3101—1993）。历史上使用的计量单位，如斗、石、里、尺、磅、华氏度等，在引文时可照录。考虑到社会使用习惯，全书中亩不统一换算。

十、中华民国成立前的纪年，使用朝代年号纪年，括注公元年份；中华民国成立后的纪年，均使用公元纪年。志中所称“解放前（后）”，以该村解放日为界；“新中国成立前（后）”，以中华人民共和国成立日 1949 年 10 月 1 日为界；“改革开放前（后）”，以 1978 年 12 月中共十一届三中全会召开为界。本志“×× 年代”，凡未加世纪者，均指 20 世纪。

十一、为节省篇幅，避免重复，本志采用条目互见法。参见条目的表示形式为：参见本志“×× 类目 · ×× 分目 · ×× 条目”。

十二、对旧志、古籍中的繁体字、冷僻字一般用简化字或通用字替换，易引起误解的则保留。

十三、记述各个历史时期的党派、机构、职务、地名等，均以当时的名称为准。对频繁使用的名称，首次用全称并括注简称，其后用简称。

十四、各村志需要单独说明的事项，均在各自编纂始末中记述。

石塘村在中国的位置

黑龙江省
哈尔滨
吉林省
长春
沈阳
辽宁省
乌鲁木齐
新疆维吾尔自治区
内蒙古自治区
呼和浩特
北京
北京市
天津市
天津
河北省
石家庄
山西省
太原
济南
山东省
黄海
渤海
甘肃省
银川
宁夏回族自治区
西宁
青海省
兰州
陕西省
西安
河南省
郑州
江苏省
安徽省
合肥
南京
上海
上海市
西藏自治区
拉萨
四川省
成都
重庆市
重庆
湖北省
武汉
杭州
浙江省
东海
长沙
湖南省
南昌
江西省
福建省
福州
钓鱼岛
赤尾屿
台北
台湾省
台湾岛
贵阳
贵州省
昆明
云南省
广西壮族自治区
南宁
仁化
石塘村
广东省
广州
香港
香港
澳门
澳门
东沙群岛
海口
海南省
海南岛
西沙群岛
永兴岛
南海
中沙群岛
黄岩岛
南沙群岛
曾母暗沙
黄河
长江
图例
北京 首都
天津 省级行政中心
未定 国界
省、自治区、直辖市界
特别行政区界
名村所在县级区域
名村
1：32 000 000
审图号：GS（2017）3697 号

石塘村在广东省的位置

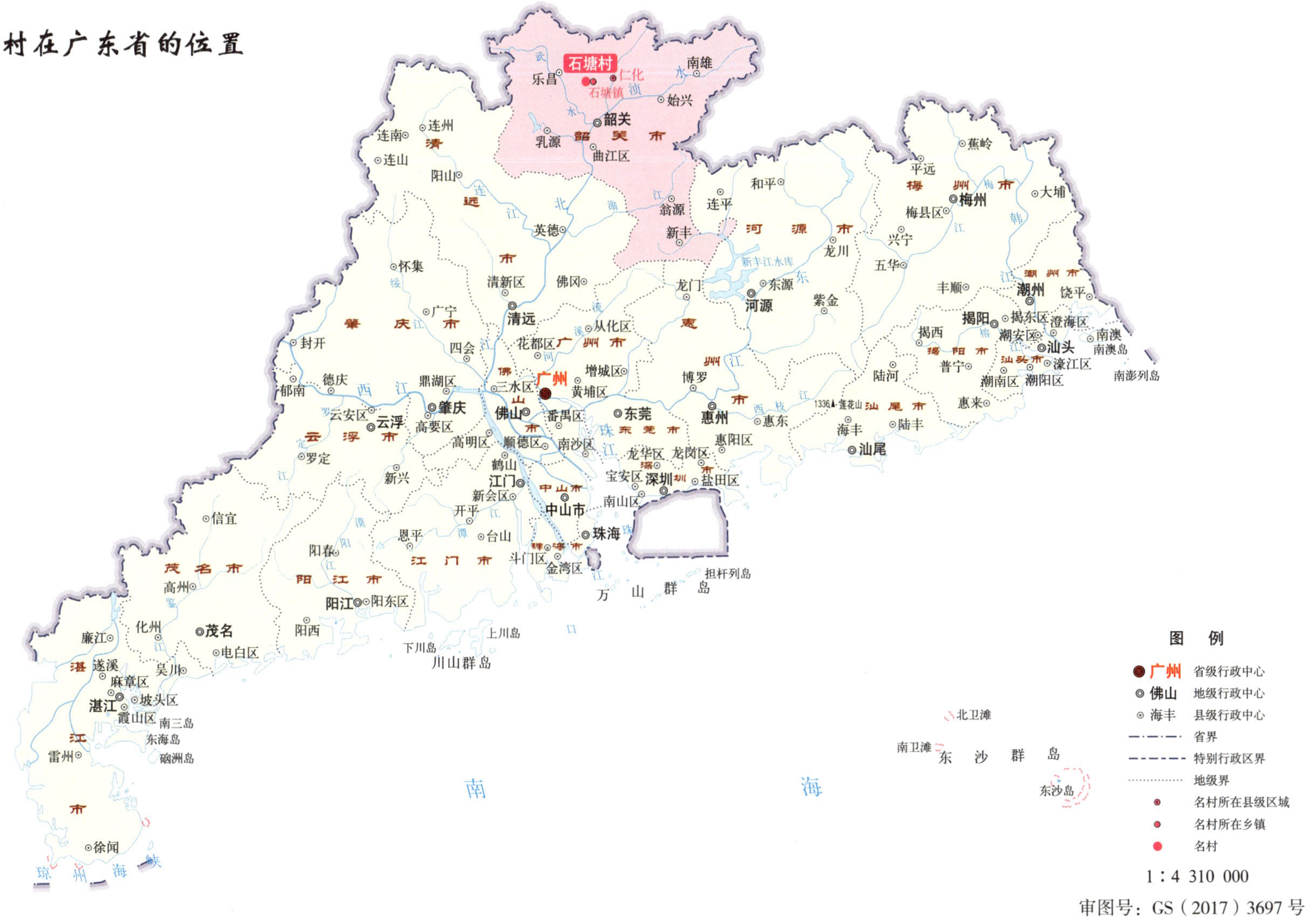

石塘村
仁化
石塘镇
乐昌
南雄
始兴
韶关
韶关市
乳源
曲江区
连州
连南
连山
阳山
清远市
英德
翁源
新丰
连平
和平
河源市
龙川
平远
蕉岭
梅州
梅州市
梅县区
大埔
兴宁
五华
怀集
清新区
佛冈
清远
龙门
东源
河源
紫金
丰顺
潮州
潮州市
饶平
揭阳
揭东区
澄海区
南澳
南澳岛
揭西
潮安区
汕头
汕头市
濠江区
揭阳市
普宁
潮南区
潮阳区
南澎列岛
广宁
肇庆市
封开
四会
从化区
花都区
广州市
惠州市
陆河
德庆
郁南
鼎湖区
三水区
广州
增城区
黄埔区
博罗
惠来
1336▲莲花山
汕尾市
陆丰
海丰
汕尾
肇庆
佛山
佛山市
番禺区
东莞
东莞市
惠州
惠东
云安区
云浮
云浮市
高要区
高明区
顺德区
南沙区
惠阳区
罗定
鹤山
龙华区
龙岗区
深圳市
新兴
江门
宝安区
深圳
盐田区
中山市
新会区
南山区
信宜
开平
恩平
台山
珠海
阳春
江门市
斗门区
珠海市
金湾区
万山群岛
担杆列岛
茂名市
阳江市
高州
阳江
阳东区
化州
茂名
阳西
上川岛
下川岛
川山群岛
廉江
遂溪
吴川
电白区
湛江市
麻章区
湛江
坡头区
霞山区
南三岛
东海岛
硇洲岛
雷州
徐闻
琼州海峡
南海
北卫滩
南卫滩
东沙群岛
东沙岛
北江
西江
东江
新丰江水库
图例
广州 省级行政中心
佛山 地级行政中心
海丰 县级行政中心
省界
特别行政区界
地级界
名村所在县级区域
名村所在乡镇
名村
1∶4 310 000
审图号：GS（2017）3697号

石塘村平面示意图

北
上中坌
下中坌
S345
塘下
楼下
礼园
双峰寨
早禾田
梨树下
火冲
蔡屋
石塘村
石塘镇政府
新屋组
京群
水历
光明
图 例
镇级行政中心
村民委员会
村民小组
古寨
S345
省道
河流
水域

中国历史文化名村、中国传统村落——石塘村（2010 年）

古村全景（2010 年）

龙全明　摄

龙全明　摄

古村一瞥（2010 年）

龙全明　摄

全国重点文物保护单位、省级爱国主义教育基地双峰寨（2010 年）　龙全明　摄

红七军宿营地旧址——石塘村龙母宫（2010 年）　龙全明　摄

鳞次栉比的古村（2011 年） 龙全明 摄

广东省非物质文化遗产——石塘村月姐歌（2011 年） 龙全明 摄

广东省非物质文化遗产——仁化石塘堆花米酒（2015 年） 龙全明 摄

◉ 目录

广东红色景观古村

红七军宿营地旧址龙母宫（2012 年）　　龙全明　摄

石塘村位于广东、江西、湖南三省交界的广东省韶关市仁化县西部，距离著名的丹霞山世界地质公园 21 千米，是仁化县乃至韶关市历史较悠久，古建筑群规模庞大且保存完好的古村，具有良好的红色文化旅游、民俗文化旅游、生态文化旅游条件。

一

石塘村史称“千家村”。2016 年，石塘村村域面积 1336.1 公顷，其中，水域面积 9.3 公顷，林地面积 639.9 公顷，耕地面积 423 公顷……主产优质稻米。古村村巷纵横曲折，总建筑面积 15 公顷，占全村总面积的 1.12%。2016 年，全村有人口 3560 人。在粤北山区的古村落中，石塘以其古色古香的韵味，于 2010 年 7 月被住房城乡建设部、国家文物局评为“中国历史文化名村”，2012 年 12 月上榜首批“中国传统村落”名录。

南北朝时期有先民在石塘村卜居。唐末，惠懿禅师在石塘村弘法。明末清初，石塘村已有上千户人家，被称为“千家村”。及至清康乾盛世，村里拥有 9 座宗祠，12 条街巷，7 个炮楼，7 个门楼，25 个闸门，3 座古庙。石塘村内街巷纵横交错，最长的有 520 多米。外人到此，相当于进了迷宫，辨不出东、南、西、北。因而，被当地人戏称“水浒祝家庄”。

村中有明清时代的古建筑133座，大部分保存完好。古建筑层层叠叠，鳞次栉比，错落有致。村落中著名的古建筑有三多堂、贻德堂、妥侑堂、双峰寨、三角街、高门槛巷、司马巷、太平巷、南门、鸣凤门、接龙门等。这些飞檐翘角的门楼，斑驳的古墙，典雅的古屋，逼仄的古巷，镶有人物、山水、花鸟浮雕的照壁，雕刻着龙凤呈祥、荷花翠鸟，文戏武戏的木刻……无不凝聚着古代村民的建筑智慧与才艺。站在村头，举目四望，古村落规模庞大，环抱于青山绿水之中，古建筑气势宏伟，融古屋、古井、古巷、古寨于一体，透出古朴、厚重、典雅之韵。

石塘村有一处标志性建筑，名曰“双峰寨”。

清末时期，战乱不断，石塘村常遭军队攻打，损失惨重。村民们痛定思痛，决心要在石塘村建一座碉堡，以备战乱之时用以避灾保命。

该工程于清宣统二年（1910）竣工。村中富户捐田捐资，村民出力，前后耗时16年，耗费白银三万余两（至今城墙上仍清晰可见“清宣统庚戌告竣用金三万有奇”的石刻记载），建成一座占地面积11300平方米、广东省规模较大的古堡式碉楼之一。其建筑雄伟壮丽，固若金汤，是一座易守难攻的碉楼建筑。

石塘村的马头墙（2013年）　　龙全明　摄

双峰古寨雄姿（2010年）　　龙全明　摄

石塘，有一项独特的民间传统艺术——省级非物质文化遗产月姐歌。相传在唐代，有一位名叫月莲的妃子因受不了宫中的凄楚而私逃出宫，几经辗转来到石塘。她常常对月倾诉心中的哀怨愁闷，并教石塘的妇女们以对月唱吟的方式来表述心声。久而久之，便形成了独有的月姐歌，一唱就是千余年……

石塘人才辈出，明清以来举人、进士、为官入仕者众多。清宣统三年（1911），石塘村有 6 人考入黄埔军校。还涌现了与徐悲鸿、傅抱石等大画家齐名的台湾现代抽象绘画运动的主要倡导者和实践者、画家李仲生，本土杰出的农民运动领袖李载基兄弟等佼佼者。

二

石塘村是一座有着革命优良传统的老区村。土地革命时期，石塘村是仁化沟通前往井冈山革命根据地的秘密通道之一，是仁化暴动的发生地之一，是澌溪山游击根据地的补给地，是中国工农红军第四独立团成立地，是红七军“七千里远征”宿营地。石塘人民为中国革命事业做出了重大贡献，仅新民主主义革命时期牺牲的、有确切姓名可考的石塘村籍烈士就有 164 位。

双峰寨是红色石塘中的“红色堡垒”。1926 年，石塘乡农民协会在双峰寨成立。石塘乡农协组织带领群众开展打击土豪劣绅、减租减息、废除苛捐杂税、分田分地、禁烟禁赌等活动。

1927 年冬至 1928 年，朱德、陈毅率南昌起义军余部到仁化，改编革命武装，打响粤北湘南暴动第一枪。朱德、陈毅离开仁化后，留下的军事骨干协助中共仁化县委在石塘双峰寨组织工农自卫军及民众英勇抗击几倍于其的国民党反动派，坚持斗争长达 9 个月，用鲜血谱写了广东农民运动史上光辉的一页。

1931 年，中国工农红军第七军政委邓小平、总指挥李明瑞率领从乐昌梅花战役撤下来的部队强渡武江后进入石塘，在龙母宫（娘娘庙）、双峰寨驻军休整后，经转城口、长江进入江西，到井冈山与毛泽东、朱德会师。双峰寨，又一次发挥了红色堡垒作用。

双峰寨的每一寸土地，每一口水井，每一方条石，每一块青砖，每一片瓦，每一根梁柱，每一块木板，每一声虫鸣，每一绺青苔，都见证了革命战争年代中的烽火硝烟，见证了革命烈士们把躯体永远地留在此地的壮烈情景，而他们的精神，激励着后来者。1978 年 7 月，双峰寨被列为广东省第一批文物保护单位；2000 年 4 月，被列为广东省第一批爱国主义教育基地；2006 年 5 月，被国务院列为全国重点文物保护单位；2011 年 9 月，被确认为广东省中共党史教育基地。

全国重点文物保护单位双峰寨（2008 年）
龙全明　摄

三

石塘村是中国历史文化名村、中国传统村落，还被评为国家 AAA 级旅游景区、广东省十大最美古村落之最具红色景观村落、广东省旅游名村、广东摄影创作基地。

2008 年 6 月，中共仁化县委、县人民政府作出“旅游旺县”的战略部署，着力打造石塘红色生态旅游村。2010 年，建设红色景区双峰寨基础设施工程，完成古村落水渠清淤、双峰寨停车场绿化设施、农具摆设廊建设。2011 年，仁化县将石塘文化生态旅游开发纳入大丹霞范畴，按照总体规划恢复原有生态，恢复古村原貌。打造石塘古村为融自然风光、红色历史、影视拍摄、民俗风情、特色饮食、休闲体验于一体的精品旅游景点。2012 年，石塘镇按照“做足农字文章、做活旅游文章、做好老区文章”思路，加强石塘村古建筑保护与文化遗产挖掘工作，编制《仁化县石塘镇总体规划（2010—2030）》《石塘村历史文化保护规划》等一系列规划。完成双峰寨第一期复原维修工程、台湾抽象画运动先驱李仲生故居修缮工程。实施旅游文化产业带动战略，开发双峰寨红色追忆游、古村探秘游、乡村休闲游、农业体验游等一系列乡村旅游产品。2013 年，优化古村旅游基础设施，启动贻德堂、三多昌杂货铺、南门等文物点维修工程，完成双峰寨第二期维修、寨前广场及革命纪念碑综合改造、“两中心、一馆”（旅游咨询展示中心、特色农产品交易展示中心和石塘堆花米酒展览馆）建设。2014 年，完善双峰寨护城河清理、石塘古村历史水系改造工程，完成贻德堂、三多昌杂货铺和南门修旧工程，引导村民对房屋开展“穿衣戴帽”工作，实施石塘历史文化名村基础设施建设。2015 年，石塘历史文化名村保护设施重点项目全面完工，古村旅游承载力得到提升。2016 年，石塘村主动对接韶关“大旅游”格局，抓好石塘古村保护和利用工作。完成双峰寨第三期维修工程，开通仁化至石塘旅游公交线路，新培育农家乐、特色民宿客栈，利用“石塘古村双峰寨”微信平台提高石塘古村景区知名度，成功举办 2016 年南粤古驿道定向大赛首站活动。

石塘村被评为“广东十大最美古村落——最具红色景观村落”（2017 年）　　谢嘉文　摄

基本村情

石塘村是广东省仁化县石塘镇下辖行政村。明洪武年间（1368—1398），因李氏迁居该地取土盖房后，所挖石底坑尽成水塘而得名。该村地处仁化西部，地势平缓，交通便利，气候温和，资源丰富，是石塘镇政治、经济、文化中心。该村主要有李、蔡、何三大姓氏。2016 年，该村辖村民小组 8 个，总人口 3560 人，总面积 13.36 平方千米。石塘村历以耕读传家，勤恳劳作为荣。改革开放后，全村经济稳定发展，社会民生和谐稳定。该村历来重视文化教育，明清时已有私塾；民国时期，该村私塾是全镇最好的一所，后改办成初级小学、国民学校。新中国成立后，石塘小学多次迁址并不断得到完善，1999 年更名为石塘镇新华书店希望小学至今。

◉ 建置沿革

村名由来 石塘在明代以前属仁化县潼阳乡（泛指今仁化县董塘镇、石塘镇一带），“石塘”一名的由来与李可求安居石塘有关。

明洪武年间（1368—1398），李可求迁居至仁化潼阳，后至石塘地区，开荒建房，因挖坑取泥时所挖坑积水，又因其底为青石板，故名“石塘”。

此后，石塘村人丁兴旺，村庄规模日益扩大。至明末清初，村里已有上千户人家，在当地颇有名气，“千家村”的名称亦就此传开。

石塘地名一度还变成行政区划名称。明嘉靖年间（1522—1566），仁化县分为6个都，石塘都管辖包括石塘村在内的47个自然村。此后，无论石塘的行政区名怎么变，“石塘”村名一直未变。

石塘村全貌（2010年） 龙全明 摄

村落历史 石塘村历史悠久，早在南北朝时期已有先民在此卜居，当时称“潼阳”。唐垂拱四年（688）属仁化县潼阳乡。明代和清代，石塘村均属石塘都管辖。

1913 年，仁化县划为附城、城口、扶溪、长江、董塘 5 个区，石塘村属董塘区管辖。

1929 年，仁化县编保甲，区的建制不变，石塘村属董塘区管辖。

1930 年 7 月，仁化县划为 12 个乡，石塘村属第 5 乡。

1931 年，仁化县实行地方自治，建立区、乡、里制，石塘村属董塘区石塘乡管辖。

1937 年，仁化县划为 3 个区，区之下设区公所，乡公所设保甲。石塘属董塘三区，石塘地区设石塘乡、历林乡 2 个乡。石塘村属石塘乡管辖。

1940 年，全县 3 区 17 乡划辖为 3 区 8 乡，后再划为 3 区 5 乡，石塘和江头合并为石江乡。石塘村属石江乡管辖。

1941 年，撤销区公所，县直辖乡，乡下辖保甲。石塘村属董塘乡管辖。

1949 年 10 月 6 日，仁化全境解放。全县划分为 3 区 6 乡，石塘村属第二区石烟乡管辖。

1950 年 6 月，废保甲为村组，全县划为 3 区 27 乡。石塘村属第二区石中乡管辖。

1951 年冬，全县划分小区乡，第二区辖石塘、中垒、江林、水田等 12 个乡。石塘村属石塘乡管辖。

“千家村”——石塘（2011 年） 龙全明 摄

古村新韵（2011 年）　　龙全明　摄

古村一角（2011 年）　　龙全明　摄

1956 年 12 月 19 日，仁化县实行小乡并大乡。石塘和中垒合并为石中乡，石塘村属石中乡管辖。

1958 年 10 月 1 日，仁化县实行人民公社体制，石塘村属丹霞公社管辖。

1958 年 11 月 7 日，仁化并入韶关市，为市郊区。翌年春，董塘从丹霞公社划出，成立董塘公社。石塘村属董塘公社管辖。

1961 年 1 月 17 日，恢复仁化县建制。同年 3 月 15 日，石塘从董塘分出，成立石塘人民公社。石塘村属石塘人民公社管辖。

1968 年 3 月 13 日，石塘公社革命委员会成立，代替原公社管委会，下辖 9 个生产大队。石塘村为石塘大队，属石塘公社革命委员会管辖。

1980 年，恢复石塘人民公社管理委员会。石塘村属石塘人民公社管理委员会管辖。

1984 年 5 月 12 日，实行区乡建制体制，石塘公社改设为石塘区公所，石塘村改为石塘乡，属石塘区公所管辖。

1986 年 11 月，撤区建乡（镇），石塘区公所改为石塘镇人民政府，乡改为村民委员会。石塘乡

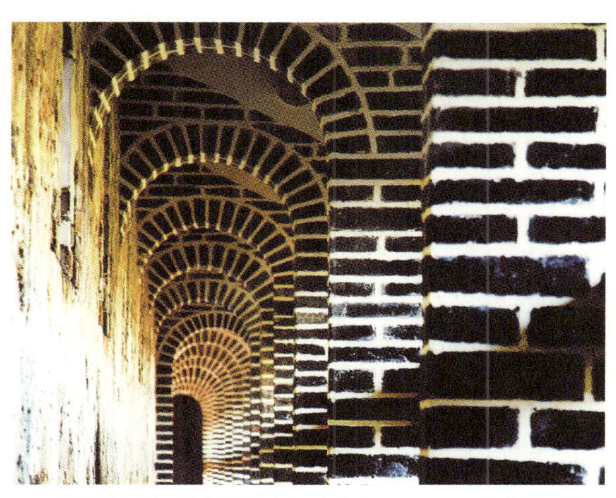
双峰寨内第二层的回廊（2013 年）　　龙全明　摄

改为石塘村民委员会。

1989 年 9 月，实行乡镇派设管理区办事处建制机构，将村民委员会改为管理区办事处，村民小组改为村民委员会。石塘村民委员会改为石塘管理区办事处。

1998 年 9 月，管理区改为村民委员会，自然村改为村民小组。石塘管理区办事处改为石塘村民委员会，沿袭至今。石塘村作为行政村，管辖旱禾田、礼园、火冲、梨树下、楼下、蔡屋、塘下、新屋组 8 个村民小组，拥有塘下、楼下、竹园背、蔡屋、火冲、礼园、梨树下、高门槛、大园、旱禾田、门前巷、三角街、新屋组 13 个坊。

区位　交通

区位　石塘村东接京群村、董塘镇江头村，南与水历村、光明村相连，西与下中坌村相依，西北与上中坌村接壤，北与董塘镇安岗村、瑶族自治村毗邻。距离仁化县城 19 千米，距世界自然遗产丹霞山 21 千米。周边山峦青黛，中间一马平川，田园辽阔，溪流蜿蜒。潼阳河（董塘水石塘河支流）经村南自西向东缓缓而流。石塘村是中共石塘镇委员会、石塘镇人民政府驻地，也是石塘镇的政治、经济、文化中心，是石塘镇经济的重要来源支柱之一。2016 年，石塘村经济总收入 5440 万元，占全镇经济总收入的 25%。

交通　省道 345 线穿村而过，东接省道 246 线，西北连接乐昌市廊田镇，是仁化县的西南门户，也是仁化县沟通乐昌市北上湘鄂的交通要道。

省道 345 线石塘村文昌街段（2017 年）　　龙全明　摄

◉ 自然环境

地形 石塘村地处仁化县西部，地势由西南向东北倾斜，整个地形西北高东南低，南宽、北窄，呈红薯状盆地。东部及南部属海拔 500 米以下的中低丘陵区。

石塘村海拔 500 米以上的山峰有 10 座，界山 5 座，最高的山峰是海拔 836 米的后舌地，还有与红山镇交界海拔 777.6 米的黄竹山。此外，龙潭山、长连山、板岭背、狮形岭等群山将村庄环抱在胸。山均峰峦重叠，漫山花草竹木。

石塘古村坐落于山下较宽的山谷地带，地势平坦，土地肥沃，是石塘镇的粮食主产区。

气候 仁化地处中亚热带南沿，属亚热带季风性湿润气候，年平均气温 19.6℃，极端最高气温 40℃，极端最低气温 -5.4℃。年平均降水量 1660.9 毫米，雨季在 3—9 月，占总降水量的 80%，降雨天数约 171 天。全年总积温 7180℃，全年日照时数约 1725 小时（春季 151 小时，夏季 929 小时，秋季 322 小时，冬季 323 小时），太阳辐射量 107.2 千卡 / 平方厘米（春季 12.9 千卡 / 平方厘米，夏季 58.9 千卡 / 平方厘米，秋季 17.5 千卡 / 平方厘米，冬季 17.9 千卡 / 平方厘米），年均初霜日为 12 月 6 日，年均终露日为 2 月 12 日，有霜天数 19 日，年均霜期 68 天，年均无霜期 297 天，作物生长期 233 天。

航拍省道 345 线石塘村段（2017 年） 龙全明 摄

石塘村田园风光——金晖（2010年）

龙金明 摄

物候 根据民间流传零星资料记载，石塘各物候为：

1 月，梅花开放，柳树发芽。

2 月，油菜花开，蜜蜂忙碌。

3 月，草木发芽，百鸟争鸣，虫类苏醒，蛇蛙出洞，鱼儿上水。

4 月，桃花和杜鹃花开，梅子成熟，燕子飞舞，癞蛤蟆下塘产卵。

5 月，枇杷成熟，蝉儿鸣叫，蚊子活动。

6 月，早造水稻抽穗扬花，桃李成熟。

7 月，树木成荫，早稻、早梨、花生成熟。

8 月，中造水稻抽穗扬花。

9 月，桂花开放，燕子飞去，雁飞来。

10 月，菊花含苞，油菜、晚造水稻、薯芋成熟，蚊子匿迹。

11 月，树木停止生长，梨柑成熟，菊花开放，昆虫、蛇、蛙进入冬眠期。

12 月，树木枯黄叶落，柿子、芭蕉成熟。

灾害 石塘也有不少灾害性的气候，主要有以下几种：

春季低温阴雨 多出现于 12 月中旬至翌年 3 月下旬，俗称“倒春寒”。

霜雪 霜冻开始出现时间一般在 11 月下旬至 12 月上旬，冰雪在 2 月中旬至 3 月上旬，如 1975 年 12 月中旬、1976 年春下的大雪，地面铺雪厚达 6 ~ 7 厘米，很多竹木被积雪折断。

暴雨、洪涝灾害 1961—1997 年，石塘出现暴雨 7 次，洪涝 8 次。截至 2016 年年底，累计发生暴雨、洪涝灾害 18 次。2011 年 5 月 8 日，仁化县遭受强降雨灾害，局部地区出现暴雨或特大暴雨。其中，石塘镇遭受 50 年一遇特大强暴雨，24 小时内降雨量达 259.5 毫米，直接经济损失达 1303 万元。该次灾害造成石塘村水淹农田 10 公顷，农作物受灾面积 5 公顷，房屋受淹 15 间，倒塌房屋 15 间，受灾人数 85 人，紧急转移安置 85 人，幸无人员伤亡；供电中断 21 条次，通信中断 15 条次，损坏堤防 2 处，损毁塘坝 4 座，损坏灌溉设施 12 处，直接经济损失 125 万元。

高温 高温天气多发生在 6 月下旬至 9 月中旬，间隔时间约 9 天，历年年均最高温天数约 29 天。

干旱 干旱天气多发生在秋季，频率为 39%，冬旱频率为 32%，夏旱频率为 16%，春旱频率为 13%。

水文 石塘村内有董塘水支流石塘河穿域而过。石塘河起于大水坝水库，自西向东经石塘村，流向江头村与董塘河汇合。其中，流经石塘村部分河长约 2.8 千米，水域面积约 93080 平方米。水资源丰富，雨量充沛。2016 年，石塘村年降水量为 2122.5 毫米。河水易涨易退，旱涝不太严重。村域胡椒冲水库面积约 16.12 万平方米。域内还蕴藏着丰富的地下水，可供村民掘井汲水食用。村中池塘众多，现存池塘 5 口，占地面积约 3950 平方米。

2016 年石塘村现存池塘一览表

表 1

名　称	位　置	面积（平方米）
荔枝塘	火冲	700
樟树头塘	梨树下	600
石塘边	火冲	650
何屋大塘	塘下	1600
榕树下塘	火冲	400

自然资源 石塘的自然资源丰富，包括植物资源、动物资源和矿产资源。其中，植物资源有材木类、竹类、果树、药材、茶叶、花卉、蕨类、草类、菌类等；动物资源有鸟类、走兽类、鱼类、昆虫类等。

农作物以粮食作物水稻为主，其次有甘薯、木薯、马铃薯、高粱、玉米等。经济作物有花生、油菜、黄豆、甘蔗、茶叶、烟叶、蔬菜等；绿肥作物有紫云英、苕子等。

石塘地区山岭起伏连绵，树木种类繁多，除大面积的松树、杉树外，按其材质价值分类有：

一类材有银杏、柏树、红豆杉、水杉、小叶樟、栎樟、红椎、黄稠、桑木、香椿等。

二类材有福建柏、木莲、白玉兰（山含笑）、黄樟（大叶樟）、乌心、楠木、柞木、石斑木、合欢、山合欢、皂荚、黄檀、马蹄荷、白银香（铁冬青）、白青山、拐枣（枳椇）、苦楝、红椿、白蜡等。

三类材有水樟、桂樟、刨花楠、润楠、厚壳桂、钓樟、荷树、厚皮香（猪血柴）、椴木、山楂、野樱、福建野樱、秋枫、杨梅、桦木、板栗、槭木、山枣（酸枣树）、野漆树（洋漆树）、黄杞、八角枫、桂花、泡桐等。

四类材有山苍子、银桦、大叶桉、交让木、南岭黄檀、鹅耳枥、裂斗锥、栎木、胭脂木（将军木）、青钱柳、南烛（乌饭）、山茉莉、细叶桉等。

五类材有猴欢喜、梧桐、乌桕、刺桐、黄槿、油桐、石栗、枫树、杨柳、榕树、冬青、花椒、野鸦椿、幌伞枫、刺楸、鸭脚木、柿木（山柿）、拟赤杨（火柴树）、安息香、厚壳树等。

20 世纪 60 年代后，石塘还从外地引进湿地松、篦子三尖杉、落叶杉、荫香等树种。

石塘村现存古树一览表（截至 2016 年年底）

表 2

树种中文名	树龄（年）	保护级别	树高（米）	胸径（米）	平均冠幅（米）	具体生长位置
小叶榕	112	三级	12	2.07	22	蔡屋组水头庙
小叶榕	119	三级	14	1.97	26	龙母宫旁
小叶榕	154	三级	19	1.82	21	龙母宫前
苹　婆	109	三级	5	0.83	5	石塘镇政府大院内
苹　婆	100	三级	11	0.99	10	楼下组

藤类主要有鸡血藤、勾藤、乌皮藤、茶叶藤等。

栽培的竹类主要有毛竹、黄竹、簕竹、吊丝竹、撑篙竹、雪竹、单竹，野生竹类主要有金竹、泥竹、苦竹等。

1992 年，从广东省英德市引进甜笋竹。

野生果树资源主要有杨梅、青梅、山楂、猕猴桃、棠梨、山榄、山柿、酸枣、竹节子等。栽培果物有柑、橘、橙、柚、桃、李、梨、芭蕉、葡萄、枇杷、无花果、龙眼、黄皮果、木瓜等。

药材资源有野生草药和人工栽培药两类。野生草药有土茯苓、淮山、栀子、百合、勾藤、金银花、野菊花、鸡血藤、寮刁竹、车前草、鱼腥草、七叶一枝花、土黄连、山苍子、麦冬、半枫荷、山党参、丝茅根、鹅不食草、透骨消、土牛膝、两面针、石菖蒲、半边莲、金樱子、上山虎（满山香）、小石仙桃、何首乌、灯笼草、苍耳子（虱马头）、野花椒、野葛、土柴胡、山蚂蟥、了哥王（南岭荛花）、马齿苋、红背叶等。人工栽培药物有茯苓、艾草、薄荷、鸡冠花、枸杞、倒水莲、土人参、菊花、麦冬、蓖麻等。

茶叶资源有白毛茶、苦茶、藤婆茶、毛茶等。

花卉资源有兰花，其中有墨兰、大叶兰等，一年四季幽香四溢，大部分家庭都有栽种。除兰花外，还有山茶、芙蓉、桂花、鸡冠花、梅、菊、玫瑰、茉莉、月季、杜鹃（映山红）、百合、夜兰香、秋海棠、芍药、蝴蝶花、紫薇等观赏花种。

菌类有野生菌和人工栽培食用菌两类。野生菌主要有野生香菇、鸡枞菌、喇叭菌、红菌、禾杆菌、木耳、松毛菌等（不能食用的菌也很多不一一罗列）。人工栽培食用菌有冬菇、银耳、黑木耳、平菇、草菇、毛木耳。

草类有芒草、香芒草、稗子、野苋、一点红、象草以及其他牧草。

动物资源有家畜，其中生猪有本地猪、乐昌梅花猪和长白杂交猪。牛有黄牛、水牛两种。此外，还有狗、猫、兔等家畜。

饲养家禽主要有鸡、鸭、鹅。其中，鸡以本地品种居多，也有外地引进的良种鸡。鸭有本地麻鸭、板鸭，还有引进的北京鸭等。鹅有灰鹅、白鹅、狮头鹅和清远乌鬃鹅。白鸽品种有本地鸽和杂交鸽。

石塘三面高山环抱，森林茂密，气候温和，适宜各种野生动物生存，因而各种动物品种较多。

新中国成立初期可见的野兽有华南虎、金钱豹、云豹、豺狗、狼、狐狸、麋鹿、大灵猫、果子狸，如今还可见的野兽有野猫、狸猫、野兔、山牛、野猪、乌獐、箭猪、赤麂（黄猄）、穿山甲、白面狸、黄鼠狼、青鼬、猪獾、家鼠、黄毛鼠（田鼠）、银星竹鼠（芒鼠）、松鼠等。

野禽有鹊、长尾喜鹊、乌鸦、白颈鸦、竹鸡、野鸡、锦鸡、白面水鸡、山鹰、鹞、猫头鹰、春雕、鹧鸪、啄木鸟、斑鸠、麻雀、鹌鹑、燕、百灵鸟、伯劳、杜鹃（布谷鸟）、八哥（鹩哥）、白鹤、水鸭、大雁、雁鹅、白鹇（银雉）、白胸翡翠、白头翁、乌鸫等。

爬行类有青竹蛇、金环蛇、银环蛇、大眼蛇、草花蛇、灰鼠蛇、泥蛇（中国水蛇）、鼠蛇、眼镜蛇（饭勺头、膨气蛇）、乌梢蛇（乌青蛇）、钩盲蛇、铁丝蛇、渔游蛇（鱼蛇、水蛇）、过树蛇（藤蛇）、蜥蜴、壁虎、夹板蛇、乌龟（金线龟）、平胸龟、大头龟、鹰嘴龟）、黄喉拟水龟（黄板龟）、蚯蚓等。

蛙和介类有树蛙（青拐）、黑斑蛙（田鸡）、棘胸蛙（石拐）、青蛙（沿蛙）、蟾蜍。介类有河蚌、田螺、石螺、福寿螺、山蟹等。

昆虫类有蜜蜂、黄蜂、马蜂、蝴蝶、蜻蜓、土蜂（地窝蜂、钻地蜂）、蜈蚣、螳螂、蚱蜢、蝉、萤火虫、蜘蛛、蟋蟀、蚁狮等。

鱼类主要有泥鳅、石斑鱼、斑鳢、黄鳝、白鳝、黄鲶、黄尾鲴、伏石鱼、红尾鱼、黄颡鱼、草鱼、鳙鱼、鲢鱼、非洲鲫、武昌鱼、埃及塘虱（埃及胡子鲶）等。

矿产资源有铅、锌、硫、铁、煤、铜等。

◉ 人口

人口总量 石塘村是石塘镇人口最多、居住最集中的一个村庄。1957 年，全村人口有 580 户、3021 人。1980 年，全村人口 3220 人。1997 年，石塘村有人口 660 户、3210 人，其中女性 1578 人。2001 年，全村人口 670 户、3203 人，80 岁以上老人 58 人，90 岁以上老人 6 人，村中最年长者年龄为 100 岁（男性）。2015 年，全村户籍人口 770 多户、3750 人，其中女性 1575 人；80 岁以上老人 91 人，村中最年长者年龄为 99 岁（女性）；户籍人口中，生活主要依靠农业收入的有 2830 人，常年在城镇生活和打工的人口有 920 人。2016 年，全村人口为 3560 人。

主要姓氏 石塘村主要有李、蔡、何三大姓氏。李姓祖先原生活在福建省上杭县丰朗乡，南宋后期由福建迁至江西省清江县樟树镇。明洪武年间（1368—1398），再由江西樟树镇迁至广东仁化县石塘。李姓先民初到石塘与何姓女子通婚之后，为生活生产方便，并受何姓先民的引导迁至石塘村定居。通过明清两代休养生息，人丁兴旺，已成为石塘村第一大姓。

看戏的石塘村民（2011 年） 龙全明 摄

蔡氏“泽被苍梧”门楼（2017 年） 谢嘉文 摄

蔡姓祖先原来在广西苍梧县，后迁至广东仁化董塘安岗村。蔡姓先民比李姓先民稍早到达石塘村，约在元末明初从董塘安岗村迁至石塘村蔡屋定居生活。至今，村中蔡氏门楼上仍悬挂“泽被苍梧”匾额。在明代中期，蔡姓富户较多，到了清代中期逐渐没落。

何姓较早在石塘村开基生活。何姓村民的祖先原来生活在河南省，后迁至江西大余县，于南宋末年迁至仁化石塘，在何屋背居住、生活。明代中期，人丁兴旺。后逐渐败落，至今在石塘村只有几十户何姓人家居住。

当代石塘村，以李姓人口为最，占全村人口总数的 70%，蔡姓占全村人口总数的 10%，何姓占全村人口总数的 5%，其他姓氏占 15%。

李氏家族支系

礼园支系 分布于石塘村东北部，总大门位于三角街之北，小门位于礼园榕树下附近。礼园支系的始祖是李仲宁，锡类堂是其宗祠。礼园坊人丁兴旺，截至 2016 年，已传 37 代，有人口 322 人。

梨树下支系 分布在石塘村东北部的梨树下村小组，始成于明代，清康乾时

大园支系的古建筑（2011 年） 龙全明 摄

楼下古建筑一角（2017 年） 谢嘉文 摄

（1662—1795）丁财两旺。该支系建有大片青砖木结构的徽派建筑，在石塘村古建筑群中占有较大的比重。该支系为福建始祖李火德之后裔，截至 2016 年，已传 37 代，有人口 553 人。村民善于酿酒经商，在石塘村享有盛誉。石塘村堆花酒坊多出于该支系。

大园支系 分布于石塘村东部，始祖为李熙春。贻德堂为大园支系宗祠。该支系总大门位于石塘粮所西北，内有一大片青砖木结构的徽派建筑群，曾经是富有的象征，是石塘村古建筑的重要组成部分。截至 2016 年，大园支系已传 41 代，有人口 393 人。李德仁、李仲生即出自该支系。

和衷支系 分布于石塘村中西部，始祖为李大材。宗祠继述堂曾是石塘村最大、最雄伟、最气派的大宗祠。该宗祠在“文化大革命”时期被改为“双峰礼堂”，至今尚未恢复。和衷支系在明代和清代中期即已丁财两旺，截至 2016 年，已传 37 代，有人口 440 人。石塘居士李珏和曾在陕西省凤翔府任职的李翔凤均出自和衷支系。清代后期，和衷支系中落。

竹园背支系 分布于石塘村西北部，始祖为李府判、儒林。宗祠远绪堂因年久失修成为危房，于 1969 年被拆，如今只剩下残墙。石塘镇胡椒冲村李姓村民的祖先是自石塘竹园背迁徙过去的，所以说竹园背的村民和胡椒冲村李姓村民是同宗同源、同一宗祠。竹园背远绪堂人丁兴旺，截至 2016 年，已传 34 代，有人口 86 人。李茂勤、李家忠等即出自竹园背一支。

塘下支系 分布于石塘村北部。因有数口大鱼塘而得名塘下。截至 2016 年，塘下支系已传 39 代，有人口 162 人。民风淳朴，善于经营，刻苦耐劳。

楼下支系 分布于石塘村西北部，有大片的古式徽派建筑，拥有楼下、高门槛、竹园背等阁。截至 2016 年，楼下支系已传 35 代，有人口 384 人。

门前巷支系 分布于石塘村西北部，总大门位于双峰寨西北。该支系始祖为李大用，宗祠为贻德堂。截至 2016 年，该支系已传 36 代，有人口 222 人。

社会发展

新中国成立前的村经济概况 1949 年以前，石塘村的农业经济全为私有制。1949 年 10 月前，第五区石塘乡（双峰乡）有人口 500 多户，地主富农上百户，占总户数 20% 的地主富农却占有全村 80% 以上的土地，耕牛几乎全部属于地主。地主们主要采取地租剥削、雇工剥削、高利贷剥削、牛租剥削、公偿剥削、卖青苗、捡谷钱、土地典当、尾租、灶头谷、门牌钱、保护费等形式盘剥农民，石塘村农民食不果腹。

礼园支系集体饭堂旧址（2017 年） 谢嘉文 摄

新中国成立初期，石塘村实行“退租、还押、二五减租”运动。农民生产出的粮食除了缴公粮外，全部归个人所有。1951 年 4 月，仁化县在石塘试点进行土地改革，实现了耕者有其田，广大石塘村村民的生产积极性空前高涨，农业生产迅速发展。1953 年 6 月，完成土地改革任务。石塘水稻亩产 250 多千克，比 1951 年的亩产 150 千克增产 100 多千克。农民生活虽然得到改善，但仍经不起天灾人祸。

1953 年，石塘村建立了互助组。1954 年，建立初级农业合作社（初级社），干部由社员大会民主选举产生，耕地按查田定产核定的常年产量，民主评定产量入股，实行比例分红，所有权仍属个人。耕牛和大型农具折价入社，山林也评定折价入社，从当年收入中提取比例分红。初级社的经营方式为集体生产、统一经营，以社核算，有全年的生产计划，实行农、林、副业结合，有少量的公共财物和公共积累。在管理上，设有会计、保管、出纳，有财务制度，有技术分工，有评工计分。产品和现金收入，在扣除生产投资、上缴国家税收、留存一定的公共积累、支付耕地入股分红和支付山林山价款以后，按全年总工分进行分配。对因工致伤的社员，除工分照记外，药费从公益金中支付，社员因天灾人祸造成生活困难的，也从公益金中给予适当补助。

1955 年 7 月，在初级农业合作社的基础上，扩大合并，成立所有制的高级农业合作社（高级社），下设生产队，对生产队实行“五统一”（统一领导、统一计划、统一指挥、统一核算、统一分配）、“四固定”（定劳力、定耕地、定耕牛、定农具）、“三包”（包工、包产、包成本）、“一奖一赔”（超产奖，减产赔）。高级社贯彻“按劳计酬，多劳多得”的原则，社员参加集体劳动，定额、记分或评定工分，按实有工分参加现金和实物分配，对失去依靠而需要照顾的鳏寡孤独实行“五保”（保吃、保穿、保烧、保医、保葬），其费用在高级社的公益金中支付。石塘村建有 1 个高级社，有 510 户、2100 人入社。石塘村有合作商店 1 间。

社会主义建设在探索中曲折前进时期的村经济概况 1958 年，实行人民公社，石塘村属董塘公社石塘管理区双峰大队。是年，石塘管理区大搞“共产主义”试点，实行“全民供给制”，免费吃饭，社员出勤按等次按月领工资。社员出勤等级分为三等，月工资为一等 9 元、二等 8 元、三等 7 元，只实行两个月，第三个月无法支付社员工资。1958 年，大办集体饭堂，不准私人开灶煮饭，要求社员将私人的一切炊具充公，全部砸碎送交废品收购，社员收工、出工、吃饭要服从指挥，听信号统一行动，列队到饭堂吃饭，吃饭不用钱、不用票、不定量，走到哪、吃到哪，社员行动战斗化、集体化，但出现出勤不出力的情况。到 1960 年，粮食需求紧张，商品短缺，市场萧条，人们不得不寻找野菜充饥，生病人员日益增多，石塘村出现社员因无药医治而死亡的情况。1961 年，石塘从董塘分出，成立石塘人民公社，农业生产才有所上升，人民生活有所好转。1962 年，石塘村粮食亩产 116 千克。

“文化大革命”时期的村经济概况 “文化大革命”时期，石塘实行生产队评工记分，采用 10 分制，每分对应酬劳为人民币 1 角，按每个劳动力每天完成劳动情况分别记为 6 分、7 分、8 分、9 分、10 分五个等次。口粮按人定等，按等定量分配，共六等：3 岁以下人口每月口粮为稻谷 12.5 千克；4 ～ 6 岁人口每月口粮为稻谷 15 千克；7 ～ 11 岁人口每月口粮为稻谷 17.5 千克；12 ～ 14 岁人口每月口粮为稻谷 20 千克；15 岁及 55 岁以上老年人口每月口粮为稻谷 22.5 千克；16 ～ 54 岁劳动力人口每月口粮以稻谷 25 千克为基本口粮，另加出勤粮和工分粮，出勤粮和工分粮具有不确定性，视生产队存粮多少而定。以政治表现为标准，不看劳动实际和效果，助长了平均主义，严重挫伤了农民的积极性。1970 年，大搞“农业学大寨”运动，禁止社员开拓自留地和家庭副业，石塘农业再度处于停滞不前状态，农业生产再度下滑。

进入社会主义现代化建设新时期的村经济概况 1976 年，“文化大革命”结束后，石塘村恢复了正常的集市贸易，重新划分给社员自留地、自留山，执行了中共中央关于提高农副产品收购价格的决定。中共十一届三中全会后，双峰大队楼下生产队于 1981 年率先实行分田到户。1982 年，全村推行家庭联产承包责任制，实行包干到户。1984 年冬，进一步稳定家庭联产承包责任制，实行 15 年不变政策，到 1990 年，粮食总产量比 1980 年增长 63%。人民生活水平有较大提高，人均年收入从 1980 年的 120 元提高到 1991 年的 847 元。

改革开放后，随着政府调整农业布局，优化产业结构，实施科技兴农战略，石塘村的农业生产有了长足的发展。1980 年，双峰大队粮食总产量 1978.25 吨；总收入 607052 元，总支出 146566 元。1992 年，石塘村粮食年亩产量达 1022 千克，石塘镇成为全县第一个“吨谷镇”。1997 年，石塘村通过第二轮土地延长承包期 30 年不变工作，完善了农村双层经营体制。1999 年，石塘村把粮食和经济作物的比例定为 44∶56，建立优质谷、荸荠、花生、甜竹笋、蔬菜等生产基地，发展养殖、酿酒专业户。2001 年，全村种植水稻 226 公顷、花生 150 公顷、玉米 27 公顷、甜竹笋 80 公顷。

石塘村着重抓好优质稻生产基地建设，推广优质水稻品种，提高农产品质量，特色农业得到进一步发展。至 2008 年，仁化石塘堆花米酒、马蹄发展成为具有一定知名度

摄影爱好者在石塘村采风（2011 年） 龙全明 摄

的特色农产品。全村农业总产值 2594 万元，比 2001 年增长 37.3%，年均递增 5.3%，农村年人均纯收入 4650 元，比 2001 年的 3238 元增加 1412 元，增长 43.6%，年均递增 6.2%。

2011 年，石塘村形成“一村一品”发展格局。全村年人均纯收入 7910 元，比 2010 年增长 19.3%。

2015 年，全村年人均可支配收入达 1.12 万元，农村常住居民年人均可支配收入 4589 元。开展农村土地承包经营权确权登记颁证工作。完成行政村、8 个村小组的清产核资工作，完成村组会计账目的移交、建账工作。仁化石塘堆花米酒产量 350 吨，提升了仁化石塘堆花米酒的经济效益，调动了酿酒户的积极性。

2016 年，培育和打造仁化石塘堆花米酒农副产品品牌，成立仁化石塘堆花米酒协会。新增专业合作社和家庭农场等新型农业经营主体，发展农村电子商务，推行“互联网 + 农户”生产经营模式，增加农民收入。全村地区生产总值 5167 万元，农业总产值 5960 万元，农村年人均可支配收入达 11207 元，农村常住居民年人均可支配收入达 4589 元。

◉ 教育

私塾 明清时期，石塘村已有私塾。私塾分蒙馆和经馆，没有固定的教材和学习年限。蒙馆属启蒙性质，教材采用《三字经》《千字文》和四书（《论语》《孟子》《大学》《中庸》），只教塾童读书、识字，不讲解内容。经馆吸收年龄较大并读过蒙馆的塾童，主要教习五经（《诗经》《尚书》《礼记》《周易》《春秋》）和写文章。石塘村妥侑堂、火冲宗祠、贻德堂都先后开设过私塾，有塾童 50 多人。

民国时期，石塘村的私塾是石塘镇办得较好、时间较长、塾童较多的私塾之一。1917 年，仁化县县长雷启南赠送“私塾模范”匾予石塘村私塾教师黄梅林（又名黄德安，1876 年生，仁化县石塘镇黄伍村人。仁化县早期的中国共产党党员，农民运动组织者和领导者，仁化暴动的先驱之一。1928 年 11 月，在石塘双峰寨保卫战的突围中牺牲），以示褒奖。

初等教育　1929 年，李钧承（科举制废除后，仁化县县立初级中学第一期学生）在妥侑堂创办石塘小学，每班有学生 20 多人。李钧承创办的石塘小学实为私塾，后搬至贻德堂。

1931 年，仁化县在石塘设 3 所学校，其中，第五区一段一所，为石塘初级小学，校址设在石塘村李氏宗祠，有 1 个班，学生 20 多人，校长李昭楼。学校由政府拨款 240 元作为启动经费，余下经费由李氏公偿金补充。学校统一校服，添置鼓、号，建立洋号、洋鼓队（鼓号队），对部分学生给予免费入读。是年，石塘初级小学有学生 80 余人。

1935 年，广东试行义务教育，仁化县在石塘设立一年制轮教短期小学。李林香（县乡村师范毕业生）任教务主任，下村轮教，先在光明田心办学一年后，搬至石塘村火冲宗祠、贻德堂，再到下中坌何屋，持续 4 年。

1940 年，广东实施国民教育纲要，将短期小学改为国民学校。石塘八保、九保联办国民小学，地点设在紫东古寺。翌年，开始兴办高小，设在文昌阁，五、六年级仍设在紫东古寺小楼里。石塘高小有 6 个班，学生 160 多人，教师 8 人，李家声任校长。因属董塘管辖，1948 年改名为董塘第二中心小学，有 5 个班，学生 160 多人，教师 8 人。学校经费除国民政府拨款外，其余经费采取以学田收取田租及按年级高低向学生收取大米津贴的方式。

截至 1949 年，石塘村有大学毕业生 6 人。

新中国成立时，石塘村的教育事业仍处在落后状态。石塘完全小学校址设在文昌阁，有教师 12 人（其中女教师 2 人），6 个班，学生近 200 人，教学业务属二区一小（董塘小学）负责。

1956年后，国家在发展和扩大办学的同时，提倡和鼓励群众办学。1958年秋季，石塘管理区进行全区学校“大集中”，即水田（水罗和光明合并）、下中垒、沙湾、历林、厚里、马斯坳小学三年级以上班级集中到石塘完全小学教学，学生人数达560人。因校舍、师资等问题，一学期后学生返回原校。石塘村的办学条件仍十分简陋，校舍为宗祠、寺庙，用泥砖架木板作台凳，教具只配备一些数学、自然、地理方面的仪器。

1962年，国民经济逐渐恢复发展，根据国家的教育方针，石塘小学开始贯彻落实《全日制小学暂行工作条例（草案）》（以下简称《条例》），强调要遵循教学规律办学。学校以教学为中心，确定校长在学校中的地位并发挥其作用，建立正常教学秩序，通过学习《条例》制定实施细则，建立和健全规章制度。

1968年冬，在“读小学不出生产队，读初中不出大队，读高中不出公社”口号影响下，为方便群众子女上学，有利于发展教育，石塘小学办起附设初中班（又称“戴帽初中”），并改名为“双峰小学”。

1970年，双峰小学有小学11个班，初中一、二年级各1个班，学生380人，教师18人。1971年冬，双峰小学动工新建泥砖杂木结构校舍12间，以供人数日渐增长的学生学习之需。1972年春，双峰小学迁往新校址（现石塘新华书店希望小学），但绝大部分教师仍住在龙母宫、关帝庙，直到1973年建成泥砖杂木结构教师宿舍1栋20间，教师才回到学校住宿。

1976年，为使教育适应经济建设需要，学制由五年制逐渐恢复为六年制。石塘小学的附设初中被取消，合并到石塘中学。

1978年年底，中共十一届三中全会召开后，石塘区党委、政府反复抓普及小学教育工作，加强领导，增加投入，改善办学条件，石塘小学逐渐步入正轨，实现“一无两有”（学校无危房，班班有教室，人人有课桌凳）目标。

1986年秋季，九年义务教育普及程度得到巩固提高，办学条件得到改善，“四室一场”（图书阅览室、教学仪器室、中国少年先锋队队部室、体育器材室，运动场）建设达标，校园建设和管理得到加强。有班级14个，学生人数780人（其中女生216人），教师22人（其中民办教师6人）；学生入学率99.8%，巩固率99.65%，毕业率100%，普及率99.8%。

1995年，省、市、县对石塘镇完全小学开展“普及”验收。石塘中心小学有教学

1984 年冬，石塘小学学生在双峰寨内听革命老人李善财（前右一）讲述双峰寨保卫战经过　　李招环　提供

班 14 个，学生 668 人，适龄儿童 675 人，年巩固率为 99.9%，毕业率为 99.3%，普及率 99.9%，流动率控制在 0.14% 以内，留级率为零。适龄儿童入学率、年巩固率、毕业率、非正常流动率、留级率均达到验收标准，成为省、市、县普及九年义务教育先进单位。

为了鼓励青少年读书，1998 年石塘村委制定奖励助学金规定，对考上大学、中专、仁化中学的学生，干部带领舞狮队敲锣打鼓把奖金送上门，对军烈属、困难户的子女实行免费入学政策。

1999 年 11 月，石塘中心小学更名为石塘镇新华书店希望小学。

2001 年，由于计划生育政策的普及，石塘镇新华书店希望小学学生人数下降为 388 人。是年，全村有大学生 50 人，占全镇大学生总数的 22%。

2015 年，石塘镇新华书店希望小学有 6 个年级，12 个班，在校学生 528 人，教职工 36 人。

新中国成立后部分年份石塘小学班级、学生人数情况一览表

表 3

年份	班级数（个）	学生人数（人）	毕业生数（人）
1950	6	205	30
1952	6	230	32
1954	6	250	33
1956	6	270	31
1958	13	560	56
1960	6	370	35
1962	9	320	30
1964	6	360	32
1966	6	364	35
1968	6	365	42
1970	13	380	60
1972	13	385	58
1974	10	490	42
1976	11	505	40
1978	10	620	46
1980	12	660	58
1982	12	720	80
1984	14	760	90
1986	14	780	108
1988	14	750	112
1990	14	732	118
1992	14	720	110
1994	14	720	120
1996	14	658	110
1998	12	573	105
1999	12	510	101

续表 3

年份	班级数（个）	学生人数（人）	毕业生数（人）
2000	12	444	98
2001	10	388	95
2002	9	462	89
2003	10	485	95
2004	12	586	195
2005	11	598	162
2006	12	593	158
2007	12	586	164
2008	12	593	165
2009	10	523	105
2010	11	546	125
2011	12	578	115
2012	12	586	117
2013	12	596	115
2014	12	582	114
2015	12	528	108
2016	12	578	104

扫盲教育　新中国成立前，石塘村极少数农民接受过私塾教育。新中国成立后，农民文盲和半文盲仍占青少年总数的 90% 以上。土地改革运动时期，石塘村开办了以识字为重点的农民夜校，有 2 个班，主要教习农民识字，做简易算术，唱革命歌曲。农民的学习热情和积极性较高，每天晚上有 100 名左右的青壮男女农民点灯到夜校上课。石塘村被省、区、县、乡评为“扫盲先进集体”。1958 年，石塘村掀起“万人教，全民学”的高潮。通过包教包学、送字上门以及利用集市日，要求路人必须学习牌上的字，方能通行的“识字卡”办法，扫盲工作在短时间内取得成效。是年 8 月，石塘村扫盲积极分子李其妃、何金庚代表仁化县出席广东省扫盲积极分子代表大会。“文化大革命”时期，农民夜校被政治夜校（文化室）代替。1978 年起，农村在继续开展扫盲工作的同时，进

一步学习文化和技术。1979 年冬，仁化县扫盲委员会到石塘区进行扫盲验收时，石塘村 12 ～ 40 岁人员脱盲率达 92.7%。1982 年，石塘村达到扫盲标准（标准为识 1000 个常用字，能阅读最通俗的书报，能写农村常用的便条和收据）要求。1985 年，仁化县第一所成人教育中心校在石塘创办。1988 年后，石塘村农民文化水平达到初中生水平。2009 年，石塘村建成省级标准“石塘村委双峰寨农家书屋”1 间，藏书 1253 册。

历史名村

石塘村素有“千家村”之誉，村内的明清建筑，以三角街为中心，向周围延伸，流派众多，风格多样，青砖灰瓦，雕梁画栋，布局严整，是粤北地区民用建筑中历史久远、面积大、保存完整的古住宅建筑群。全村至今保存古建筑133座，拥有宗祠12座，街巷12条，门楼21个，闸门17个，井泉44眼，古道7条，寺庙6座，寨堡1座，照壁多处。2010年7月，石塘村被评为“中国历史文化名村”；2012年12月，上榜首批“中国传统村落”名录。石塘村是中国革命活动较早的村庄，是中国工农红军第四独立团、浉溪山游击根据地补给地，具有光荣的革命斗争史。石塘人民为中国革命作出了重大贡献。

石塘村获“中国历史文化名村”称号（2010 年） 龙全明 摄

石塘村的明清古建筑，是粤北地区民用建筑中历史久远、面积大、保存完整的古住宅建筑群，走进石塘古村，犹如走进一段历史，品读一首诗词，欣赏一幅画卷。石塘古村的建筑均由青砖、青瓦砌成。青砖是经人工用水磨制，又称“水磨青砖”。墙壁上的线条分明，是用石灰加糯米粉、桐油搅拌后，在墙缝上勾勒出均匀的线条，耐风吹雨打，经久不褪色。

石塘古村的古民居院落基本上是正方形，由正房、厢房、闲房、厨房等组成，布局错落有致。院落内的厅堂、天井都与走廊、巷道、楼梯相通。每座院落的大门均设在屋

古村内的红砂岩柱础（2017 年） 谢嘉文 摄

石塘村民居上的雕花门当（2011 年） 龙全明 摄

的左侧，称为“裂廊阁”。其特点是外人在门口看不见屋里，而里面却可以借到外面的光。这种布局是与当时的生产生活有着紧密的联系，因为屋内有女性在劳作，须有光才便于劳作。

大部分院落有天井。排水沟设在天井四周，无论外面下多大的雨，从瓦面上流下来的雨水均可通过天井流到屋外村边，屋内不会因排水不畅而有任何损失。这种排水系统在当时可谓先进。排水沟内养有乌龟，乌龟在沟内不断地爬行，可去除沟内淤泥。水沟

清宁堂横梁上的雕花立榫（2017 年） 谢嘉文 摄

清宁堂内的雕梁（2017 年） 谢嘉文 摄

古村内的小碉楼（2010 年）  龙全明 摄

古村丽日（2010 年） 龙全明 摄

内，还设有数个半尺见方的空格，这些空格高于沟底少许，而且有个小斜坡由沟底与方格连接。其作用是每逢特大雨降临，排水沟内的水流量增大时，乌龟可以爬入方格内以免被大雨冲走。天井的大小按院落的大小而定。天井还有采光功能，站在天井上，抬头仰望天空，心情格外舒畅。天井前设有照壁，照壁规模的大小也是按照院落大小而定。照壁上的装饰有各种风格，每一种装饰都包含着一个动人的故事。

房顶上建有鳌头，取“独占鳌头”之意，寓意吉祥和富贵。宗祠和楼阁的建筑风格，均是借鉴徽派古民居建筑，加之福建、江西等地的一些建筑理念而建成的，其结构之巧、营造之精、布局之工、文化内涵之深，突出了徽派建筑的特点。

石塘古村的建筑特色鲜明，规模较大，与明清时期一些在外经商入仕，以及在本地耕田种地的石塘人经济实力丰厚有关。同时古石塘人注重教育，村民中有文化者居多。在建筑住宅、楼阁、牌楼之时，以雅、文、清高、超脱的心态构思和营建，更使得古村的文化环境更为丰富，村落景观更为突出。

石塘古村在建筑中，均体现出古石塘人的文化和艺术修养，能够在有限的建筑空间之内最大限度地体现出其构思的精巧以及工艺的高超。虽然后来因种种原因，古石塘逐渐衰落，但这种集徽派、赣派、闽派、粤派于一体的民居建筑在古村落里长期保留下来。

贻德堂内精美的壁画之一（2017 年） 龙全明 摄

贻德堂内精美的壁画之二（2017 年） 龙全明 摄

贻德堂内精美的壁画之三（2017 年） 龙全明 摄

贻德堂内精美的壁画之四（2017 年） 龙全明 摄

贻德堂内精美的壁画之五（2017 年） 龙全明 摄

贻德堂内精美的壁画之六（2017 年）　　龙全明　摄

石塘村是中国革命活动较早的村庄，具有光荣的革命斗争史。在中国共产党领导下，石塘村较早建立了农民协会，开展了一系列反压迫、打土豪、分田地、争生存的斗争，成立了革命武装，涌现了一大批革命烈士，展现了一幅幅革命斗争历史画卷。

石塘村东与董塘相连，西与乐昌廊田接壤，南与浈江花坪交界，北与红山相邻，是仁化西南部交通要冲。1929 年冬至 1930 年，石塘村设有中共党组织秘密交通线站点。为中共仁化党组织沟通井冈山革命根据地的秘密通道。澌溪山位于董塘镇西北方，山峰连绵起伏，山势险陡，植被繁茂。1927 年 5 月后，澌溪山游击队经常到石塘一带宣传革命，发动群众开展革命斗争。石塘村等地群众常常为游击队员打掩护，传送情报，赠送粮食、布匹、油盐等物资。石塘成为澌溪山游击队补给地。1957 年，石塘村被仁化县人民政府评划为红色根据地。

◉ 粤北“千家村”

粤北“千家村”的由来与发展　南北朝时期，石塘村已有先民在该地卜居。至明末清初，有上千户人家在此居住，故被称为“千家村”。其时，全村有塘下、楼下、竹园背、蔡屋、火冲、礼园、梨树下、高门槛、大园、早禾田、门前巷、三角街、新屋组 13 个坊。

三角街是石塘村的中心街，也是当时商业最为繁华的一条街。这条街集中了近百间商号和店铺，还有私塾。有的店门前有用青砖砌成的 1 米多高的平台，上面铺石板或木板，

粤北“千家村”石塘（2011 年） 龙全明 摄

用以摆放布匹、烟、酒、小食品等。街上房屋鳞次栉比，商贾小贩摩肩接踵，络绎不绝。

三角街上有油炸档 12 间，油条、糯米鸡、开口枣、花生饼、芋头糕，品种繁多，档前购买者众多。还开设有木行、米行、百货店、绸缎布匹店、药材店、山货行、饭馆、银匠店、理发店、文房四宝店等店铺。

村内的文昌街（圩）是大集市，一个月有几个圩期。每逢圩日，邻近的董塘、花坪、廊田等地村民带上自家的物产到此变卖，换购一些自己需要的物品。

文昌街边，为古堡双峰寨。该堡始建于清代末年，为抵御外敌的重要工事，占地总面积 11300 平方米（包括护城濠）。由采自河床下的石块和青砖，用黄糖、桐油、糯米浆、鸡蛋清、石灰等砌筑而成，坚固、壮观，正如寨门题书“双峰保障”一样，为保一方平安起过重要作用。

“祝家庄”的由来 石塘村内的街道、巷道由鹅卵石铺设而成，条条街巷均建有闸门，巷道错综复杂，纵横交错，陌生人进入村中，一不留神就会迷路，若无村民引路，很难走出村。其设计和《水浒传》中祝家庄的盘陀路有异曲同工之妙。清咸丰九年（1859）五月，一伙兵匪从曲江进入仁化境内，因粮草不足，要到农村去抢劫富户以储军粮。当打听到石塘村是富有的“千家村”之后，便去攻打。鹏风寨一战，这伙兵匪前期获胜，但攻到石塘村中心的三角街一带之后，在街巷里转来转去，始终走不出去。而村民们躲在暗处，朝街巷中的兵匪发射冷箭。兵匪被击中者不计其数，但又找不到暗箭从何处而来。这一仗，兵匪被打得大伤元气，只能退出了村庄。石塘村因此被后人戏称为“祝家庄”。

村内的鹅卵石巷道（2017 年）　　谢嘉文　摄

石塘村湮灭的部分古迹一览表

表 4

古迹名称	类型	建造时间	湮灭时间	古迹简介
高门槛门楼	门楼	明代	1968 年	砖木结构，原有对联两副，北向联为“诵诗读书保存国粹，耕礼种义蔚气人伦”，南向联为“义为路礼作门步步上达，诗理情书道政念念和平”
露天戏台	戏台	明代	1968 年	砖木结构，戏台两边原有对联“逢场作戏戏字半边虚虚则实之皆绝妙，自我作古古文全是故故如新也更为奇”
八角楼	炮楼	明代	清末	砖木结构，后拆建为双峰寨
六角亭	亭	中华民国	1960 年	在鹏山公园内，砖木结构
鹏山公园	公园	中华民国	1961 年	李瑞仪设计建造

◉ 村落民居

石塘村民居多为青砖灰瓦建筑。主体建筑多数为四墙三间架结构，屋脊高翘，封火山墙，雕梁画栋，中开天井（藻井），门前建照壁，窗棱镌花刻鸟，门墙厅壁书画点缀，门窗有圆形、拱形、菱形、方形等多种样式。木雕、泥塑、砖雕等工艺精美，多数采用透雕、浮雕、平雕等，雕易卦、花鸟鱼虫、山水、人物，图案古朴。屋内二层以杉木构阁间隔，冬暖夏凉。建筑规模较大，布局严整，雕饰精美，富有内涵。

清宁屋 位于楼下，建于清道光二十五年（1845），坐北朝南，厅屋组合式四扇三间架砖木结构，青砖双层墙体，马头墙，叠涩屋檐，檐下雕梁，屋前有院落，占地面积约 120 平方米。屋西侧砌筑一间耳房，临街开一扇小门，以畅进出。厅南以照壁代替大门，壁上砖雕楷体“清宁”二字。照壁下以条石砌一天井。厅内以础石、木柱镶嵌杉木板间隔成前厅后舍，木板后写有“道光廿五年乙巳年八月廿四日起造”“丁未年七月十一入宅戊子日癸丑时”等字样。今保存完好。

清宁屋室内一角（20⁻7 年） 龙全明 摄

昭轩屋 位于梨树下，建于清代，占地面积约 150 平方米，坐东朝西，厅屋组合式四扇三间架砖木结构，青砖双层墙体，马头墙，硬山顶，青砖叠涩屋檐。厅内设有神龛，龛两侧有精美的镂空窗格，悬挂对联“志欲光前维是诗书教子，心存裕后莫如勤俭持家”。厅前有天窗。大门已倒塌。屋左侧临街有一侧门，门上方有木榫翘角斗拱檐，设计精美。

昭轩屋（2017 年）　　谢嘉文　摄

李朝芳家居 位于梨树下，建于清代，呈正方形，正房、厢房错落有致，占地面积约 160 平方米，坐北朝南，厅屋组合式四扇三间架砖木结构，青砖双层墙体，硬山顶，翘角叠砖檐。大门以裂廊阁式设在屋左侧，门前有壁风，因壁下以鹅卵石铺花，寄寓“五福临门”之意。屋外两侧上下各开一扇窗，屋内以杉木作楼板。厅前有天井，天井前设有照壁，刻有山水风景画，栩栩如生。厅两侧为厢房，房间较小。每一个房间和厅堂、天井都与走廊、巷道、楼梯相通。今保存完好。

李圣通、李圣明老屋 位于早禾田，建于清代后期，坐西朝东，占地面积约 160 平方米。四扇三间裙带碉楼组合式结构，双层青砖墙体。正屋为两层普通民居，屋南侧附碉楼。碉楼为三层半，共有 5 扇木窗，第三层有 1 扇木门，与门外木板骑楼相接。顶层为半层，上设有十字形的透气孔和瞭望孔。碉楼南侧砌砖阶，开一扇门直达二层。碉楼各层均与正屋相通。整栋房屋既可家居、观景，又可御匪抗敌。正屋部分今保存较好，碉楼有损毁。

李圣通、李圣明老屋（2017 年）
谢嘉文　摄

李朝芳老屋（2017 年）
谢嘉文　摄

石塘村部分古民居一览表

表 5

名称	位置	建造时间	建筑特色	保存情况
李光烈家居	高门槛	明代	悬山顶，砖木结构	完好
邓丁发老屋	梨树下	清代前期	砖木结构，青砖墙体，硬山顶，菱形窗，门前铺为鹅卵石街面	完好
李朝楠老屋	梨树下	清代前期	硬山顶，青砖墙体，大门檐斗拱出檐	完好
刘百成老屋	梨树下	清代前期	砖木结构，青砖墙体，大门上窗户镂刻蝙蝠、梅花和“卍”图案	完好
李建桃老屋	火冲	清代前期	砖木结构，青砖墙体，硬山顶，马头墙	完好
李建国老屋	火冲	清代前期	砖木结构，青砖墙体，硬山顶	完好
李建根老屋	火冲	清代前期	砖木结构，青砖墙体，硬山顶	完好
李火营老屋	火冲	清代前期	砖木结构，青砖墙体，硬山顶，马头墙	完好
曾福兴老屋	火冲	清代前期	砖木结构，青砖墙体，硬山顶，马头墙	完好
曾美清老屋	火冲	清代前期	砖木结构，青砖墙体，硬山顶，马头墙	完好
陈运招老屋	胡民口	清代前期	砖木结构，青砖墙体，硬山顶，马头墙	完好
袁国良老屋	蔡屋	清代前期	砖木结构，青砖墙体，硬山顶，马头墙	完好
蔡胡廉老屋	蔡屋	清代前期	砖木结构，青砖墙体，硬山顶，马头墙	完好
李积勋老屋	蔡屋	清代前期	砖木结构，青砖墙体，硬山顶，马头墙	完好
李振忠老屋	楼下	清代前期	砖木结构，青砖墙体，硬山顶，马头墙	较好
李七成老屋	楼下	清代前期	砖木结构，青砖墙体，硬山顶，叠涩檐	完好
李履忠老屋	楼下	清代前期	砖木结构，青砖墙体，马头墙	完好
李遵明家居	旱禾田	清代中期	砖木结构，青砖墙体，马头墙	完好
李有毅老屋	楼下	清代中期	砖木结构，青砖墙体，硬山顶	完好
李书菊家居	旱禾田	清代中期	砖木结构，青砖墙体，马头墙	较好
李遵度八兄弟老屋	旱禾田	清代后期	悬山顶，青砖夯土墙体，木瓦结构	完好
朱宋荣老屋	旱禾田	清代后期	硬山顶，翘角檐，菱形窗，青砖墙体	完好
龚火古、龚火年老屋	旱禾田	清代	砖木结构，青砖墙体，翘檐，拱顶窗	一般
李汉才、李汉章、李汉明老屋	旱禾田	清代	砖木结构，双层青砖墙体，翘檐，拱顶窗	墙体、瓦面破损
成文堂	湖民口街西侧	清代	徽派建筑，有风火墙、翘角、天井	完好
李长林原家宅	梨树下	清代	砖瓦结构	完好
江富春家居	旱禾田	清代	悬山顶，青砖墙体，砖木结构，栅式窗	完好
李朝印老屋	梨树下	清代	硬山顶，砖木结构，青砖墙体，马头墙	完好
李朝恩老屋	梨树下	清代	硬山顶，砖木结构，青砖墙体	完好
李朝楼老屋	梨树下	清代	硬山顶，青砖墙体，门前设照壁	完好

续表 5

名称	位置	建造时间	建筑特色	保存情况
朱振财老屋	梨树下	清代	硬山顶，砖木结构，青砖墙体，菱形窗	完好
何光福、何风田老屋	梨树下	清代	硬山顶，砖木结构，青砖墙体，门顶塑青天白日图案	完好
李玉福、李玉财老屋	梨树下	清代	砖木结构，青砖墙体，硬山顶	完好
李昭祥老屋	梨树下	清代	砖木结构，青砖墙体，硬山顶	完好
李朝深老屋	梨树下	清代	砖木结构，青砖墙体，硬山顶	完好
李建辰老屋	梨树下	清代	砖木结构，青砖墙体，硬山顶	完好
李金祥老屋	礼园	清代	砖木结构，青砖墙体，硬山顶	完好
李新有老屋	火冲	清代	砖木结构，青砖墙体，硬山顶	完好
李道经老屋	火冲	清代	砖木结构，青砖墙体，硬山顶，叠涩檐	完好
李建方老屋	火冲	清代	砖木结构，青砖墙体，硬山顶	完好
李述梦老屋	火冲	清代	砖木结构，青砖墙体，硬山顶	完好
李招环老屋	火冲	清代	砖木结构，青砖墙体，硬山顶	完好
袁国道老屋	火冲	清代	砖木结构，青砖墙体，硬山顶	完好
朱水古、朱六斤老屋	火冲	清代	砖木结构，青砖墙体，硬山顶	完好
李光宝老屋	火冲	清代	砖木结构，青砖墙体，硬山顶，有硐楼	完好
刘中秋老屋	火冲	清代前期	砖木结构，青砖墙体，硬山顶，马头墙	完好
李明养老屋	火冲	清代前期	砖木结构，青砖墙体，硬山顶，马头墙	完好
李克金老屋	火冲	清代前期	砖木结构，青砖墙体，硬山顶，马头墙	完好
李汉武老屋	火冲	清代	砖木结构，青砖墙体，硬山顶	完好
李瑞庭老屋	火冲	清代	砖木结构，青砖墙体，硬山顶	完好
李亮生老屋	火冲	清代	砖木结构，青砖墙体，硬山顶	完好
李祥仁老屋	火冲	清代	砖木结构，青砖墙体，硬山顶	完好
李善贵老屋	火冲	清代	砖木结构，青砖墙体，硬山顶	较好
李国秋老屋	火冲	清代	砖木结构，青砖墙体，硬山顶	完好
李志异老屋	高门槛	清代	砖木结构，青砖墙体，硬山顶	完好
谢开兰老屋	高门槛	清代	砖木结构，青砖墙体，硬山顶	完好
李招成老屋	高门槛	清代	砖木结构，青砖墙体，硬山顶	完好
李其熙老屋	高门槛	清代	砖木结构，青砖墙体，硬山顶	完好
刘有亮老屋	高门槛	清代	砖木结构，青砖墙体，硬山顶	完好
袁泽古老屋	高门槛	清代	砖木结构，青砖墙体，硬山顶	完好
李履文老屋	高门槛	清代	砖木结构，青砖墙体，硬山顶	完好
李长林老屋	蔡屋	清代	砖木结构，青砖墙体，硬山顶	完好

续表 5

名称	位置	建造时间	建筑特色	保存情况
蔡冠群老屋	蔡屋	清代	砖木结构，青砖墙体，硬山顶	完好
蔡锦璋老屋	蔡屋	清代	砖木结构，青砖墙体，硬山顶	完好
李善德老屋	蔡屋	清代	砖木结构，青砖墙体，硬山顶	完好
蔡德璋老屋	蔡屋	清代	砖木结构，青砖墙体，硬山顶，马头墙	完好
胡汉廉老屋	蔡屋	清代	砖木结构，青砖墙体，硬山顶，马头墙	完好
李益政老屋	蔡屋	清代	砖木结构，青砖墙体，硬山顶，马头墙	完好
李光前老屋	火冲	清代	砖木结构，青砖墙体，硬山顶，马头墙	完好
李金全、李金有老屋	火冲	清代	砖木结构，青砖墙体，硬山顶，马头墙	完好
李文锋老屋	火冲	清代	砖木结构，青砖墙体，硬山顶	完好
李红军祖屋	火冲	清代前期	砖木结构，青砖墙体，硬山顶，马头墙	有损毁
李长发老屋	火冲	清代前期	砖木结构，青砖墙体，硬山顶，马头墙	完好
李德华老屋	火冲	清代前期	砖木结构，青砖墙体，硬山顶，马头墙	完好
黄善老屋	火冲	民国时期	砖木结构，设有西式窗和天台	完好
李朝杰老屋	梨树下	民国时期	青砖结构，硬山顶	完好
楼　角	早禾田	民国时期	夯土木结构，广州西关式木制推拉门	完好
西洋楼	大园	民国时期	中西合璧，夯土墙，木制推拉门	完好
李梦云家居	火冲	民国时期	有西式门楼，青砖木结构	完好
张建荣故居	湖民口	民国时期	中西结合，青砖、土砖木结构，两层，有骑楼	完好
朱文范故居	礼园	民国时期	中西结合，青砖木结构	完好
李贻政故居	高门槛	民国时期	中西结合，青砖木结构，有骑楼	完好

◉ 宗祠

石塘村有宗祠 12 座，分别是三多堂、儒林宗祠、礼园宗祠、厥庆宗祠、火冲宗祠、奉先堂、妥侑堂、贻德堂、蔡氏宗祠、高明堂，塘下众厅和门前巷众厅。其中，塘下众厅和门前巷众厅，是专门为塘下坊和门前巷坊村民商议公众事务的场所。

宗祠是祭祀祖宗或先贤的庙堂。石塘村所建宗祠的外观大同小异，门厅为五凤楼建筑，两侧墙上为砖雕，或是精美的山水图案，其余三面则较为简洁。屋脊上大多数有装饰，其图案多为卷草、鹊尾、龙等形象。大门均雕刻有门神，大多数是浮雕。门神为手握大刀、锤子的将军，盔甲上的护心镜用玻璃镶嵌，黄金锁子甲上的甲片用黄铜片镶嵌，威武凛然，形态逼真。

贻德堂（2015 年） 龙全明 摄

大的宗祠分前、中、上三厅，小的分上、下两厅。厅顶或雕，或刻，或画有各种图案，栩栩如生，寓意吉祥如意。宗祠都有天井，以便厅内采光。

上厅是族人祭祀祖先的地方。厅上端，设有一大神龛。龛座下端，刻有仙鹤、雄狮、麒麟等吉祥图案。两侧各有一圆柱，上面镶或挂有楹联。圆柱两侧为饰有各种图案

妥侑堂（2012 年） 龙全明 摄

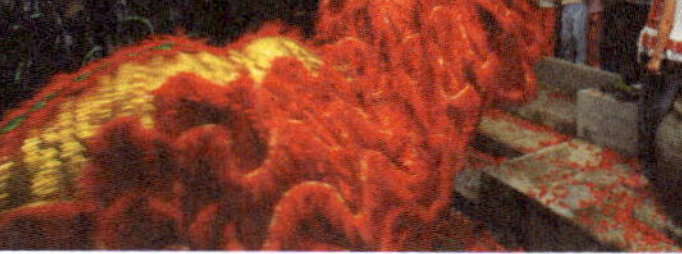

奉先堂（2012 年） 龙全明 摄

的花格窗，有的是棋盘状，有的是八卦状，有的是梅花状，有的是元宝状，肃穆庄严。龛中供奉历代先祖的神主牌，分层排列。龛前置有一台，上置数个香炉。神龛前摆放一张八仙桌，四面绘有漆画，桌面用以摆放祭品。

清明时节，族内所有男丁都要在宗祠内举行“吃清明”祭奠先人的活动。该活动由族长或族内有威望的长辈召集，组织青壮男丁祭扫祖先坟墓之后，再到宗祠集中，摆酒设宴，祀祖祈福，寓示后人不忘祖宗，也表示宗族人丁兴旺、团结和谐。

每座古宗祠的墙上基本上都嵌有石碑，上面记载着该宗祠修建的时间、祖宗功德、宗族概况以及捐资人姓名等。宗祠内均留有文人名士、地方官员墨宝。品读祠内所挂楹联、匾额，犹如徜徉在社会变迁、家族繁衍的历史长河中。石塘村每一座宗祠，都是一部社会史、家族史，也是石塘家族兴衰、社会发展、族表教化、村规民约、民俗传统的经典浓缩。

儒林宗祠 即远绪堂，位于石塘村西北方，在石塘村竹园背范围内。宗祠初建于明代，为泥砖建筑。坐西向东，大厅占地面积 86 平方米。厅门前尚存 3 间杂屋。厅内有神龛、神台，敬奉李祖府判公、小三郎公（即儒林公）等先祖。大厅内设有天井，有 4 根圆形大木柱，厅门前也有两根圆形大木柱。因年久失修变为危房，1969 年被拆除，今只剩四周残墙。

锡类堂 又名礼园宗祠，位于石塘村北的礼园坊内，建于明代。该宗祠占地 129.6 平方米，坐北朝南，为青砖建筑，斗拱结构。大厅门前原有斗拱门楼，解放后被拆。厅内有 4 根圆形木柱，设有天井。厅内有神龛，供奉李祖仲宁公等先祖。今保存完好。

三多堂 又名过路宗祠，位于石塘村的中心地带楼下坊。“三多”寓意多子、多福、

锡类堂（2008 年） 龙全明 摄

三多堂（2017 年） 谢嘉文 摄

贻德堂（2011 年）　　龙全明　摄

多寿。该宗祠始建于明代，为泥砖建筑，坐北朝南。传说该祠修建前曾请人到此考察建祠方位和格局。该宗祠建成后，形如一张太师椅，厅前有一大门进出，厅后左右两侧皆有一小门出入通过。该祠内有神龛，供奉李祖大用公等先祖。今保存完好。

贻德堂　始建于李氏第十七世祖，已有 480 多年历史。砖木结构，有大型木雕“双龙戏珠”，浮雕“平贵别窑”。共有四进。一是门前，门前有两根柱，上有对联：“画栋启云霞，伫看鸟革翚飞，济济衣冠绵百代；歌台光阀阈，倏聆凤仪兽舞，洋洋箫管祝千秋。”大门两旁各有一个大石鼓，中门两边是侧门，侧门顶端各有浮雕。侧门旁还有小门，东边小门顶书“出弟”两字，西边小门顶书“入孝”两字。大门前有大坪，大坪前为照壁。二是前厅，前厅有天井，周围墙壁上有古画“二十四孝故事”。三是天井，天井两侧为走廊。四是正厅，正厅有四柱，柱上有楹联，前柱对联为“秀出青莲百代辞源称尔雅，光生函谷万年尉气起人伦”，后柱对联为“根生陇西，远祖盛唐帝业传后世；枝繁闽越，子孙蕃衍兆众冠中州”。

贻德堂东侧的“出弟”砖刻（2017 年）
龙全明　摄

贻德堂西侧的“入孝”砖刻（2017 年）
龙全明　摄

厥庆堂 位于石塘村中东部，石塘村火冲组内，建于明代，为青砖建筑。宗祠内设有神龛牌位，供奉李祖小七郎公、李祖肇十九郎（厥庆）公等先祖。该宗祠因年久失修，民国时期坍塌，今尚未修复，只剩断壁残墙和两个石墩。

和衷堂 又名继述堂、火冲宗祠，位于石塘村南门西北角约 100 米处，建于明代，由李大才建造。据说，该地五行缺火，故起名叫“火冲宗祠”，后用谐音字“和衷”代表“火冲”。

和衷宗祠占地约 1000 平方米，坐西向东。大门前建有雨楼，雨楼长度与宗祠宽度相同，有两根圆柱，圆柱下是石鼓，圆柱上方有一根横梁。横梁上镂空雕刻“二龙戏珠”，图案上方和两侧是用樟木雕刻的各种戏剧人物故事，形象传神，惟妙惟肖。

和衷宗祠分上、下两厅，中间是天井，两旁是走廊。大厅后有屏风，刻有人物和山水图。天井的东、南、西、北四角均有一根圆柱，直径大约 60 厘米，由多年生的杉木制作而成。4 根大柱分别支撑天井四面瓦下的横梁，每个角上雕刻走兽飞禽的图案。下厅有两根柱，大门墙和两侧也各有两根柱，大柱旁是侧门。整个宗祠共有 18 根柱，每根柱顶端的两旁均嵌有鳌头图案，雕刻工艺精湛。

1967 年，和衷宗祠被改建为双峰礼堂。

双峰礼堂旧址（2017 年） 谢嘉文 摄

蔡氏宗祠（2012年）　　龙全明　摄

蔡氏宗祠 又名诒燕堂，位于石塘村西部蔡屋小组内，坐北朝南。始建于清代前期，青砖结构，占地面积约 80 平方米。宗祠内没有天井，只有神龛，供奉蔡氏诸位先祖。

◉ 照壁

贻德堂照壁 位于石塘村湖民口大街西侧贻德宗祠大门前，火冲组内。该照壁坐南朝北，建于清代，用青砖砌成。照壁由三面墙体连成，中间一面高 4.5 米，东、西两面高 4 米，三面照壁，连成一个平缓的凹形。该照壁几经维护，保存较好，是石塘村现今最大、最好的照壁。

贻德堂照壁（2017 年） 谢嘉文 摄

鸣凤门照壁（2017 年）　龙全明　摄

五福临门照壁（2017 年）　龙全明　摄

鸣凤门照壁　位于石塘村梨树下梅石井附近的鸣凤门前。照壁建于清代前期，坐南朝北，通高 4 米，宽 3.6 米，有四级翘角，用青砖砌成。至今保存完好。

五福临门照壁　位于石塘村梨树下“五福临门”民居大门前方。照壁建于清代后期，坐东向西，通高 4.5 米，宽 2.5 米，上方有翘角，用青砖砌成。至今保存完好。

妥侑堂照壁　位于石塘村司马第与三多堂之间。照壁建于明代，坐东朝西，用青砖砌成。妥侑堂在解放后曾改为石塘公社卫生院，后改为碾米机房和锯板厂，至今尚未恢复。

继述堂照壁　位于石塘村和衷，即原双峰礼堂前方。该照壁建于明代，坐东向西，用青砖砌成。1967 年，石塘村将继述堂改为礼堂（即双峰礼堂），该照壁随之被拆除，至今尚未恢复。

◉ 街巷

街巷布局　石塘村街巷借助民居主体建筑，纵横交错地向四周延伸。以三角街为中心，随建筑物布局变化形成次一级街道和巷道，形成“主街—次街—主巷—支巷”。街巷宽窄不一，宽者达三四米，窄者不足一米。巷道由鹅卵石铺成，是住宅采光通道，也是人们与外界联系的通道，还是邻里间茶余饭后憩息的场所之一。石塘村有 12 条街巷，其中，传统街巷有三角街、司马巷、长巷、高门槛巷、太平巷、门前巷（仁厚里巷）、湖民口街7条。

三角街 建于明代，位于石塘村中心地带。因在石塘村湖民口街通往梨树下、礼园的三岔路口处，呈丁字形，故名“三角街”。三角街是新中国成立初期石塘村的主要商贸区，从湖民口到三角街，全长198米。

三角街是石塘最热闹的一条街之一，也是村里的经济贸易中心。据载，街两旁有店铺近百家，商品琳琅满目，街上还搭有一座戏台，每逢节日或喜庆之日，有戏班在此唱戏，非常热闹。

据传，每逢年节，石塘村村民请戏班到村里唱戏，或湘剧，或京剧，或粤北本土采茶戏。每当戏班到来前，村民们便搭戏台，待戏班走后，又将戏台拆掉，很是麻烦。因此，有族老提议建一座戏台，省

三角街（2017年） 谢嘉文 摄

司马巷（2017 年）　　龙全明　摄

去搭台拆台麻烦。很快，村民在村内建好了一座戏台。由石塘籍举人李上凤作对联：“逢场作戏，戏字半边虚，虚则实之，皆绝妙；自我作古，古文全是故，故而新也，更为奇。”

司马巷　长约 80 米，宽约 1.5 米，与高门槛巷相通。据传，巷内房子的主人曾担任过“司马”的官职，故被后人称为“司马巷”。

长巷　位于石塘村东部，梨树下和大园坊内。该巷呈南北走向，始建于清代前期，长 60 多米，宽 2.5 米，地面原由鹅卵石铺设。每当炎夏，该巷南风吹送，令人倍感凉快，是人们纳凉、散步、休闲的好去处。

长巷（2017 年）　　龙全明　摄

高门槛巷（2017 年）　　龙全明　摄

太平巷（2017 年） 龙全明 摄

高门槛巷 全长 124 米，宽约 4 米，是司马第通向高门槛的一条巷，设有由南而北上 3 级、下 4 级台阶。据村里老人说，旧时，假如你说自己是石塘村人，就要说出高门槛有多少级台阶，若说不出来，便不认为你是石塘人。

太平巷 全长 156 米，宽约 2.5 米。太平巷结构特别，沿着巷向前走，在前方拐弯处，巷子“消失”，出现在眼前的是巷边另一个门楣，但走过大门，转个小弯，又看到了巷子，如同“山重水复疑无路，柳暗花明又一村”。

◉ 炮楼

平顶寨 位于石塘村西北部，因筑于地势平坦的山顶而得名。据传，该寨建于清代，用石头筑砌。寨高约 5 米，长约 20 米，宽约 15 米。所处地势险要，寨前有一条石径可通寨内，是古时村民躲避兵燹匪祸的藏身之所。毁于清末，今仅残存寨基。

双峰寨 又名石塘寨，位于石塘村文昌街西北，始建于清光绪二十五年（1899），竣工于清宣统二年（1910），筹金（白银）三万两。双峰寨呈长方形，青砖建筑，南北长 73 米，东西宽 70 米，建筑面积 4664 平方米，占地总面积 11300 平方米（包括护城濠）。有 1 个主楼和 4 个炮楼，其间有围墙相连，围墙高 9 米，厚 1.3 米，最厚处为 1.7 米；4 个炮楼均为 4 层，高 13 米；主楼 5 层，高 15.3 米；围墙四面均建有瓦面顶的走廊，

双峰寨炮眼右（2011 年）　　龙全明　摄

双峰寨炮眼左（2011 年）　　龙全明　摄

宽 1.2 米；主楼的下层称为半层，宽 3.15 米。主楼和 4 个炮楼共有 55 个炮眼。寨堡另设一个正门，共两重。第一重大门用粗大樟木特制而成，拱形，门板厚 16 厘米，表面镶铁板，门楣上方书有"双峰保障"4 个大字。第二重大门的结构与第一重大门相似，门上方刻"保安门"三字。双峰寨四周均设护城濠，濠宽 13.7 米，水深约 2 米。原可通过吊桥进寨。

清康雍乾年间（1662—1795），村民在外为官经商者众，经济富裕之后，为保护百姓安宁及个人财产，在进村北面的一座小山顶上（小土包）建鹏风寨，安排村民站岗放哨，只要一发现有外人骚扰，立刻还击。

清咸丰九年（1859），在兵匪攻打石塘村时，与石塘村村民大战几天而败，石塘村半个村庄被烧毁，但核心区域仍保持完整。之后，村中族老们决定建一座更大、更牢固的碉楼，以备再遇到战乱时，全村人可以躲避，免遭祸害。但修建之事一直未付诸实施。

清光绪二十年（1894），村里的族老们再次商议建碉楼一事，并决定成立一个由村中各坊族老组成的理事会。为修好这座大寨，石塘村李氏族老们停掉以往每年的十大祭，将这笔费用作为修寨的基本资金，然后再发动村中富户捐田捐款。在族老们的倡议下，石塘村村民有钱出钱，有力出力。双峰寨于光绪二十五年（1889）开始动工。经过 16 年的努力，耗费白银三万多两的双峰寨于宣统二年（1910）告竣。

1978 年 7 月，双峰寨被列为广东省第一批文物保护单位；2006 年 5 月，被列为全国重点文物保护单位。

双峰寨鸟瞰图（2017 年） 龙全明 摄

双峰寨正面图（2010 年） 龙全明 摄

双峰寨是石塘古村最具代表性的建筑，也是广东省现存最大的碉堡式建筑之一。是中国工农红军第四独立团成立地。2000 年被列为广东省爱国主义教育基地，2012 年被确认为广东省中共党史教育基地。

大革命时期，双峰寨是石塘乡农会的办公地点。1928 年，在朱德、陈毅部队协助下，中共仁化县委、县革命委员会领导 700 余军民在寨内坚守、抗击国民党反动派 2000 余人 8 个月，黄梅林等 400 多名军民壮烈牺牲。双峰寨保卫战后，突围出来的农民自卫军 90 多人，从长连山进入龙潭山（位于仁化县西北部，连接湖南省汝城县等地），后转移进入澌溪山，坚持游击战。1928 年 11 月，澌溪山游击根据地的游击队改编为中国工农红军第四独立团。

1983 年，恢复当年农军饭堂，在农军饭堂内开设仁化大暴动暨双峰寨保卫战革命历史文物展览馆。2014 年，中共仁化县纪律检查委员会、中共仁化县委宣传部利用一楼环寨隔间，布设“共和国不会忘记”“历史永远铭记”“革命精神代代相传”三块展板，建立廉政教育基地并开放。

◉ 门楼

石塘村门楼最早出现在明代末年，到清代中叶盛行。石塘村门楼有的用青砖砌建，有的用青条石筑成。除映衬点缀房屋外，门楼还具有防御功能。石塘村原有门楼 100 多

凤鸣门楼（2017 年） 龙全明 摄

楼下门楼（2017 年） 龙全明 摄

座，现存 21 座。

楼下门楼 位于石塘村西北方向楼下村小组内。始建于清代前期，原为青砖建筑，通高 3.5 米，门架高 3 米、宽 1.5 米，是楼下的重要出入口。2009 年重修，改为水泥板顶。

高门槛门楼 位于石塘村中心地带，三多堂南正前方 20 米处的大街上，建于明代。该门楼曾为石塘村标志性门楼，为进出双向门。从南进入此门有三级台阶，自北出此门有四级台阶。该门楼南向有一副对联“义为路礼作门步步上达，诗理情书道政念念和平”；北向对联为“诵诗读书保存国粹，耕礼种义蔚气人伦”。门楼为青砖建筑。“文化大革命”期间被拆除，至今未重建。

旱禾田门楼 位于石塘村东部旱禾田村小组内，始建于清代，原为砖木结构，原名文在里。该门楼原址在省道 345 线南侧，1960 年春被狂风吹倒。1990 年，由石塘村旱禾田外出工作人员捐款，村民出力重建，门址迁至省道 345 线北侧。门通高 5 米，门架高 3 米、宽 1.5 米，为红砖混凝土结构，琉璃瓦顶，门楣上镶嵌有一块长方形汉白玉石块，铭文“旱禾田”三字，为旱禾田村李礼节老人所书。此门小巧，为旱禾田地标性建筑。

接龙门门楼 位于石塘村东北边缘的塘下村小组内，塘下村有两座接龙门门楼（其中一座于 1963 年被拆除，至今未重修）。旧时，石塘村庙宇打醮接龙神，必到此门迎接龙神，故名“接龙门”，是塘下坊和楼下坊村民举办祭祖活动和红白喜事的“专

早禾田门楼（2017 年） 龙全明 摄

接龙门门楼（塘下）（2017 年） 龙全明 摄

用通道”。门楼始于明代，坐南朝北。接龙门为拱形，门洞中有一道木门，门外原有一道栅门，已毁，只留有栅门洞眼。

◉ 闸门

石塘村闸门始建于明代末年，到清代中叶盛行。其时，石塘村已远近闻名，常遭流寇、盗贼侵扰，便在村口、村内建闸门，以防备偷盗。盛行时，石塘村有闸门 100 多处，夜间有专人管理。社会动荡之时，更是严加管理。

闸门一般为单孔，有的用青砖砌建，有的是用青条石筑就，有的还是高大宽阔、气派的门楼，显示出不同时代的建筑风格。

石塘村闸门现存 17 处，其中具有防御性功能的 7 处。

南门 位于石塘古村南面，是石塘村的主要入口，为石塘村的南大门。该门坐北朝南，始建于明代，为青砖建筑，通高 6 米，门架高 3.5 米、宽 2 米，为南北直通之门。该门因年久失修，有些破旧，1998 年由石塘村委会出资维修，门楣“南门”二字为村民李昭财书写。

凡石塘村村民家中男子婚娶、女子外嫁皆由此门进出，村中老人寿终安葬出殡亦经此门而出。

礼园门 位于石塘村东北部，在三角街附近礼园坊内，是礼园坊的重要出入口。该闸门坐北向南，始建于明代，为青砖建筑，瓦面有翘角。门通高 5 米，门架高 3 米、宽 2.5 米。

南门（2011 年） 龙全明 摄

礼园门（2017 年） 龙全明 摄

村内清冽可鉴的井泉（2011 年） 龙全明 摄

◉ 井泉与驿道

石塘村古井多。据统计，石塘村现存明清古井 44 眼。这些水井的形状、大小各异，各有特色，水井分布合理，村民们到水井取水犹如从水缸取水一样方便。石塘村的井水，清醇澄冽、甘甜可口。石塘人用井中之水酿酒，酿出来的酒味醇浓香，备受人们青睐。

石塘村古井分布一览表

表 6

古井名称	具体地点	所处位置	成井时期	井沿形制	深度（米）
板　井	礼园李洪祥家	门口	明代	圆形	8
屋内井	礼园李子龙家	内	清代	圆形	9
社官井	礼园李洪达家	外	明代	圆形	9
屋内井	礼园李应三家	外	清代	圆形	9
嗡嗡井	梨树下李招信家	外	明代	圆形	5
楼角井	早禾田坊	外	明代	圆形	3

续表 6

古井名称	具体地点	所处位置	成井时期	井沿形制	深度（米）
屋内井	梨树下李玉初家	内	清代	圆形	7
梅石井	梨树下李玉书家	外	明代	圆形	8
老　井	梨树下李朝猛家	外	明代	圆形	8
板　井	梨树下李玉田家	外	明代	圆形	7
屋内井	梨树下李朝惜家	内	清代	圆形	7
三角街井	火冲李模生家	外	明代	圆形	8
门前巷井	火冲李建根家	外	明代	圆形	9
屋内井	火冲李顺祥家	外	清代	圆形	6
宗祠井	火冲贻德堂	外	清代	圆形	8
太平巷井	火冲李水娟家	外	明代	圆形	9
司马第井	火冲李仁婢家	外	明代	圆形	9
司马第井	火冲李有金家	外	明代	圆形	—
蔡屋井	蔡屋蔡幕廉家	外	清代	圆形	10
官沟头井	蔡屋李建炎家	外	明代	圆形	4
西头湾井	蔡屋刘金昌家	外	清代	圆形	7
浅　井	楼下李雄芬家	外	明代	圆形	8
水楼井	楼下李特廉家	外	清代	圆形	8
高门槛井	楼下李其禄家	外	明代	圆形	9
楼下井	楼下朱贵东家	外	明代	圆形	7
文祖井	楼下李七成家	外	清代	圆形	6
竹园背井	楼下李攀牛家	外	明代	圆形	7
塘官钱井	楼下李攀文家	外	明代	圆形	7
楼下井	楼下李洪昌家	外	清代	圆形	6
黄泥井	楼下蔡耀台家	外	明代	圆形	7
四方井	楼下李瑞成家	外	明代	方形	6
何屋进井	楼下李修全家	外	明代	圆形	7
塘下井	楼下李世荣家	外	明代	圆形	8
何屋背井	楼下陈王满家	外	明代	圆形	6
大园井	大园江富春家	外	明代	圆形	8
大园井	大园李安和家	外	明代	圆形	9

续表 6

古井名称	具体地点	所处位置	成井时期	井沿形制	深度（米）
大园井	大园李遵道家	外	明代	圆形	7
大园井	大园李德雄家	内	清代	圆形	7
早禾田井	早禾田李遵贤家	外	明代	圆形	7
田心园井	早禾田娘娘庙	外	民国时期	圆形	5
早禾田井	早禾田李安福家	内	清代	圆形	6
早禾田井	早禾田何庚娣家	内	清代	圆形	6
南　井	双峰寨内	内	清代	圆形	7
西　井	双峰寨内	内	清代	圆形	7
北　井	双峰寨内	内	清代	圆形	6

高门槛井　在三多堂前高门槛左侧，是石塘村的祖井。据史料记载，高门槛井建于明洪武十五年（1382），距今 600 多年。井深 9 米，井口用石块砌成圆形，直径 1.1 米，井面有 8 平方米。内壁设有若干方孔，方便人们下到井底洗井或捡拾掉到井底的东西。井底是石板。井水清凉甘甜，夏凉冬暖。冬天可见井面雾霭蒸腾。高门槛井的水不盈不枯。如遇雨季，大雨滂沱，井水不会涨半分；久旱无雨之时，即使外面的水稻田被太阳晒得开裂，井水也毫无半点干枯之象。

嗡嗡井　在石塘村内三角街。井口很小，直径约 1.5 米，呈圆形。井内却很大，据说井底可摆几张桌子。因人从井里打水，水桶靠到井沿上时，井里会发出“嗡嗡”的声响而得名。

梅石井　在石塘村东部，位于石塘村梨树下村小组内。井台为圆形并用梅石（石塘村人称丹霞地貌的红砂岩为梅石）砌成，故取名为“梅石井”。该井挖掘于明代，沿用至今。井水甘美，水源充沛，是酿酒的好水源。

高门槛井（2011 年）
龙全明　摄

嗡嗡井（2011 年）
龙全明　摄

梅石井（2011 年）
龙全明　摄

四方井（2011 年）

龙全明　摄

板井（2011 年）

龙全明　摄

楼角井（2011 年）

龙全明　摄

四方井　位于石塘村西北部，在塘下村小组内，开挖于明代。井台为正方形，由四块青石条砌成。井水清凉可口，水量充沛，是酿酒的好原料，至今仍为附近村民生活所用。

板井　位于石塘村北部，在礼园坊内，开挖于明代。井台为圆形，井底有一块平坦的石灰石，故取名为“板井”。该井水质较好，水量充沛，是酿酒的好原料，至今仍为附近村民生活所用。

楼角井　位于石塘村的东部，在石塘村早禾田村小组内。该井因古时附近有一土楼，故取名为“楼角井”。井台为圆形。井深 3 米，井底为黄泥石粒，水质较好，是酿酒的上等好水，至今仍为附近村民生活所用。

古村古道（2016 年）　　谢嘉文　摄

驿道　石塘村三面是高山密林，古时交通不便，新中国成立前，有几条用鹅卵石铺成的石阶驿道连通董塘、乐昌和曲江花坪（今属浈江区）。石塘的古道有部分是石阶路，大多是黄泥路，曲折崎岖，路面狭窄，逢雨天更是十分难走。这些古道大部分得以保存。

石塘村通往各地的驿道（古道、石阶路）主要有 7 条，分别为：石塘—下

村中保存完好的石阶路（2017 年） 龙全明 摄

中坌—上中坌—何屋—邱屋—朱屋—江叶屋—春子塘—乐昌廊田，石塘—马嘶坳—大鹤山—姚屋（曲江），石塘—石灰坳—五家村—花坪—韶关，石塘—历林—腊里石—黄泥埂，石塘—黄坑—石子岐—烟竹，石塘—黄伍—厚里—澌溪山，石塘—历林—猴子坪—江头—董塘。

◉ 茶亭

石塘村的茶亭实为凉亭。石塘村村庄较大，人口众多，周边田地广阔。人们在田间劳作时，因远离村庄，如遇雷雨天，难以及时赶回家。为便利、安全起见，人们在田间建造避雨、休憩的凉亭。石塘村周边的凉亭多为村民自愿出资修建。

马头茶亭 位于石塘村西南，在通往石塘镇光明村、花坪镇和曲江姚屋的分岔路口。相传，古时的夜间，该亭附近小山上常有烈马嘶叫，故给凉亭取名为“马头”。凉亭始建于清代，为砖木结构，后因年久失修而坍塌。2006 年，由石塘村外嫁女子李淑琴捐资在原址上重建，占地面积 15 平方米，为砖木结构。亭口朝东北。

南秧沐雨亭 位于石塘村西北，在塘下、楼下村小组内。原亭建于清中期，砖木结

马头茶亭（2017 年）　　谢嘉文　摄

南秋沐雨亭（2017 年）　　谢嘉文　摄

雨暑亭（2017 年）　　谢嘉文　摄

构，坐西向东，后因年久失修而毁。2004 年，石塘村人李德清、李其源出资在原址重建，占地面积约 16 平方米，为混凝土结构。亭口有机耕道，亭前有一条水沟，附近有树木。

雨暑亭　位于石塘村的西北部。原亭建于清代，砖木结构，毁于 20 世纪 30 年代。2016 年，石塘村人李德用后裔出资在原址重建。重建后的雨暑亭坐东北向西南，除正面外其余三面均为红砖墙体，门朝西南方向，为混凝土结构，省道 345 线从亭前通过。门楣楷书“雨暑亭”三字，门两侧书联：“俯视东南丹霞锦绣，仰望西北双峰河山。”雨暑亭占地面积 15 平方米。

◉ 寺庙

石塘古村有紫东古寺（新寺）、关帝庙（文武阁）、孔庙、照临寺、文明石、七姑婆庙、龙母宫、社官庙、龙王庙、东皋寺、水头庙 11 处，现存七姑婆庙、龙母宫、社官庙、龙王庙、东皋寺、水头庙 6 处，其余已毁。

社官庙（2012 年） 龙全明 摄

石塘村湮灭的寺庙一览表

表 7

寺庙名称	寺庙类型	建造时间	湮灭时间	寺庙简介
照临寺	寺庙	明代	1960 年	砖木结构
文明石	寺庙	明代	1958 年	砖木结构，原有对联“昭代文明舒大雅，历年磐石永基隆”
关帝庙	寺庙	明代	1975 年	又名文武阁
孔　庙	寺庙	明代	1975 年	砖木结构
紫东古寺	寺庙	清代	1957 年	又名新寺，砖木结构，1957 年改为学校，1978 年拆改为干部住宿区

紫东古寺 又名新寺，建于清代。坐北向南，建筑面积 350 平方米。紫东古寺绿瓦黄墙，山门外一溜台阶，均是青石板铺就，台阶两旁雕刻有腾龙、祥云图案。紫东古寺建在平原之处，四周的参天古木，将紫东古寺点缀得淡雅清幽。

进入古寺大门，迎面是一道裂廊阁。第二进是一大坪，坪中有一棵古榕，树身需数人才可以合抱，枝叶荫覆着半个古寺。寺内还有一株凤眼果，名“铁树仔”。该树是双峰寨建设发起人之一的李盛翠从江西带回来的珍贵树种。大坪两边是走廊。第三进的厅内供奉着四大金刚。第四进是十八罗汉殿。第五进是天井。天井两旁是回廊，最后一进供奉着三圣祖爷塑像。

紫东古寺虽然规模不大，但文化特色明显，墙壁、屋檐、木柱上诗联、书画丰富多彩，雕刻工艺精巧、逼真。

紫东古寺兴建后，香火旺盛，善男信女络绎不绝。新中国成立初期，紫东古寺改为学校，1978 年被拆改为镇干部住宿区至今。

关帝庙 又名文武阁，建于明代，是为供奉武圣关公而兴建。坐东向西，建筑面积约 300 平方米。庙前挂有两块匾额，一块横匾上书“关帝庙”，一块竖匾上书“文武阁”，挂竖匾的位置正好遮住了横匾上的“庙”字。传说，石塘村在建关帝庙时，请了一个名气很大的官员写下了“关帝庙”的匾额。字写好以后，很多懂书法的人均看出这个“庙”字写得与“关帝”二字不大协调。想要请他重写是不大可能，如果要将“庙”字改换，又怕这位官员不高兴。于是，聪明的石塘人想了一个很好的办法，再书写一块写有“文武阁”字样的竖匾挂在山门，将那个“庙”字遮挡住。这个做法既不让这位官员不高兴，又可以不让香客们一眼就见到这个不协调的“庙”字。

关帝庙纵深六进，为青砖土木结构。水磨青砖使整座建筑造型玲珑，做工精致细腻，工艺炉火纯青。

关帝庙大门有两副对联，一副是：“兄玄德，弟翼德，释孟德，擒庞德，千秋至德无双；生蒲州，事豫州，战徐州，守荆州，万古神州有赫。”另一副是：“英雄显于汉，著于蜀，留于天地，奚翅一朝砥柱；庙貌镇采东，拱采西，庇乎人民，洵为万世回澜。”

关帝庙第三进是奉祀关帝的主殿。大殿重檐歇山琉璃顶，屋檐翼角翘起，有如吉鸟展翅。殿内装饰金碧辉煌，其间有数根蟠龙柱，檐下斗拱造型华丽，弯拱层叠。殿正中有一木雕神龛，龛形华丽精美，龛内供奉着身着帝王装饰的关公塑像。殿前几株古柏郁郁葱葱，立有铁旗杆一双。在“文化大革命”期间，关帝庙内的佛像被损毁，关帝庙被毁。

龙母宫 又叫娘娘庙、龙母庙。据说，龙母是南方“启吾”族首领，生于农历五月初八，民间称这天为“龙母诞”；逝世于农历八月十五，民间又将次日称为“升仙日”。龙母精通各种医术，心地善良，经常救死扶伤，竭力造福百姓，深受百姓爱戴。在她死后，人们为了纪念她，便建了龙母宫。石塘龙母宫原址位于石塘村东南方的田心园（今石塘镇政府南 10 米处），规模不大，据石塘龙母宫碑记载，始建于清代。1945 年，由石塘村人李旭生（又名李端仪）重新设计，将龙母宫搬迁到石塘村东南侧农田中央的小台地上。新建的龙母宫坐北向南，砖木结构，面阔 13 米，进深 10.6 米，占地面积约

群众在龙母宫举行祈福活动（2011年） 龙全明 摄

137.8平方米。庙为三开间，歇山顶，灰塑博古脊。庙堂内左右建有2个拱门，正中安放龙母娘娘雕像，左右分别是九子娘娘雕像和将军雕像。四周建有回廊，墙体及廊栓是砖砌筑，木构梁架，盖瓦屋顶。庙前和庙旁各有一棵榕树和一棵樟树，枝叶茂盛，周边环境优美。龙母宫保存完好。1931年2月，红七军向江西转移途中曾在此地临时修整。庙内未设置革命纪念设施，仍为民间祈福场所。

◉ 红色石塘

石塘农运 1925年7月至1926年，中国共产党党员阮啸仙、谭昆、黄克、刘战愚、叶凤章、宋华、侯凤墀等相继到仁化，宣传马克思列宁主义和共产党的主张，号召农民起来闹革命，组织农民协会。1925年7月后，进步青年蔡卓文、黄梅林、刘振平等先后在董塘、石塘一带发动农民办起农民夜校，组织农民特别是青壮年农民学习新文化、新思想，使农民受到共产主义的启蒙教育。

1926年6月，石塘农民协会成立，在双峰寨内设立农会大本营。石塘农民协会在李载基等人领导下，开展了打击土豪劣绅、减租减息、废除苛捐杂税、分田分地、禁烟禁

农会会员证章（李善财使用）
仁化县史志办公室　提供

石塘自卫军战士使用过
的匕首（2017 年）
谢嘉文　摄

赌等斗争。

到 1926 年冬，石塘农民协会接收地主的粮食有 500 吨。这些粮食一部分分给贫苦农民；一部分集中在双峰寨内，由农民协会掌管。同时，石塘农民协会成立农民自卫军，编入董塘区农民自卫军团第四营，由李载基领导，参加以“三操”（操枪、操步、操队）、“二讲”（讲政治、讲农运）为主要内容的农军训练班。

1927 年，上海“四一二”政变、广州“四一五”政变相继发生后，国民党大肆屠杀工农革命群众和中国共产党党员，白色恐怖笼罩全国。

曾任仁化县县长，时任仁化县“清党委员会”主任的地主劣绅谢梅生，乘第五区农民自卫军主力离开仁化北上武汉之机，纠集地主武装、民团和土匪等 1000 多人向农民协会组织发起了进攻，在第五区的董塘、石塘、江头等几十个村庄烧杀抢掠，大肆捕杀共产党员、农会委员、农运骨干及无辜群众，妄图一举扑灭农运。区农民协会领导人一方面积极组织农民自卫军和群众与敌人展开激烈的战斗；另一方面派出联络人员到湖南汝城等地寻找援军。缺乏枪支弹药的农军和革命群众，每人手绑红布条，用锄头、镰刮、镰刀、斧头、木棍等，与敌人搏斗。由于力量悬殊，经激战，农军和革命群众分散几路向浉溪山、烟竹转移。

1927 年冬至 1928 年年初，朱德、陈毅率领南昌起义军余部到仁化。指导和支持仁化农运，并在董塘帮助仁化农军改编为工农革命军独立第四团。石塘乡农运从此走向武装割据、从农村包围城市的斗争模式。

大革命烈士纪念碑 位于石塘村文昌路双峰寨正门前左侧，省道345线西南。原碑于1952年在石塘革命烈士就义处（原石塘镇供销社附近）修建，1964年迁到现址，1991年进行翻新重修。纪念碑用青砖岩构筑，外用石米抹灰。碑高16米，横截面呈正方形，等边宽3.8米，通高23米，顶端四面装饰五角星。南为正面，除隶书悬塑“大革命烈士纪念碑 1927—1928”字样外，加塑“仁化石塘地区一九二七、一九二八年”，下塑“一九六四年四月重建，一九九一年重修”。碑四周原建有东西长26.2米、南北长28.8米的矮围墙，南边围墙高1.6米，其余三面围墙高1.4米，大门宽3.2米，围墙内占地面积754.56平方米。后因建文化广场，为方便民众瞻仰，围墙已被拆除。

大革命烈士纪念碑（2010年） 龙全明 摄

双峰寨（2016年）　　　　龙全明　摄

特色文化

勤劳的石塘村民在繁衍生息的过程中，衍生了许多具有地域特色的文化。本类目除介绍了源于唐代的省级非物质文化遗产月姐歌，出现于600余年前的仁化石塘堆花米酒，以及近年兴起的古驿道定向大赛外，还简介了“游神”“装故事”等民俗活动。

石塘的特色文化包括有形的物质文化、无形的非物质文化。其中，尤以古驿道的风韵、流传许久的月姐歌、有着悠久酿造历史和特殊工艺的仁化石塘堆花米酒为代表。

◉ 南粤古驿道定向大赛首站

古道风韵 石塘村因其地理区位的特殊性而成为仁化县的西大门，内与县域内的董塘、红山镇相依，外与浈江区花坪镇（原属曲江县）、乐昌市廊田镇相接。石塘的古道部分是石阶路，大多是黄泥路，曲折崎岖，路面狭窄，逢雨天更是十分难走。这些古道或依地势而修建，或临溪流而开辟，幽木清流，鸟飞虫鸣，陡缓起伏，蹄声笃笃，为后人遗留下了绚丽多彩的风俗文化。

2016 年 7 月 10 日，南粤古驿道定向大赛首站在石塘古村举办。

赛事组织 南粤古驿道定向大赛是一项"以一带三"（以赛事为引，活化利用古驿道，促进古驿道的保护利用工作；以古驿道连接边远山村，带活生态农业，推进精准扶贫工作；以赛事促进体育与旅游、文化产业的融合发展，提升赛事品牌，更好地保护开发利用古驿道），"让收藏在博物馆里的文物、陈列在广阔大地上的遗产、书写在古籍里的文字都活起来"的综合性体育赛事。首站赛事于 2016 年 7 月 10 日在特色古村落韶关市仁化县石塘古村举行，参赛人数达 600 人。

2013 年 10 月 27 日，"全球百名华人摄影家走进仁化"摄影采风活动的摄影家在双峰寨采风

龙全明　摄

2013 年 6 月 16 日，"包览 · 中国好风光" 首届全国摄影大擂台（仁化站）的摄影家在双峰寨前合影

龙全明　摄

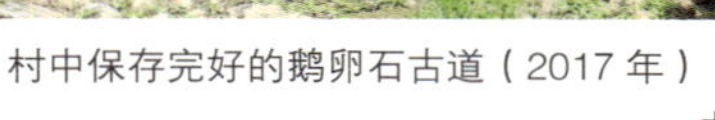

村中保存完好的鹅卵石古道（2017 年）

龙全明　摄

村中古道花纹局部（2017 年）

谢嘉文　摄

赛事规程　首站南粤古驿道定向大赛（石塘站）是一项集体育与旅游融合、推进石塘古村古绿道保护利用、促进古村落旅游发展，极富群众性、趣味性、知识性、竞争性和军事意义的新型全民户外体育文化赛事。活动以石塘古村落为范围，借助最新绘制的彩色地图让参赛选手以竞赛方式体验古村特色魅力。竞赛分短距离赛和团队赛，设有男子、女子公开组个人和团体，男子、女子精英组个人和团体，体验组团体共 3 个组别 9 个小项的比赛。

赛事活动　2016 年 7 月 10 日，南粤古驿道三大赛之一的南粤古驿道定向大赛首站在仁化县石塘古村举行，47 支队伍 600 多名定向跑步爱好者飞奔在美丽的石塘古村古巷里，一边参赛一边感受着石塘村的古色古香魅力。活动过程中，仁化县相关部门借机开设了旅游宣传咨询，向广大群众宣传仁化旅游特色，展示特色产品，宣传推广特色民宿、农家乐，现场派发相关资料等。

2016 年南粤古驿道定向大赛石塘站开幕式　　龙全明　摄

赛事主题服装　　石塘镇政府　提供

2016南粤古驿道定向大赛　2016南粤古驿道定向大赛　2016南粤古驿道定向大赛

完赛奖牌　　石塘镇政府　提供

南粤古驿道定向大赛参赛选手在石塘古村参赛（一）（2016 年）　　龙全明　摄

南粤古驿道定向大赛参赛选手在石塘古村参赛（二）（2016 年）　　龙全明　摄

链接：2016 年南粤古驿道定向大赛首站在韶关开跑[①]

7 月 10 日，由省体育局主办的 2016 年南粤古驿道定向大赛首站比赛在仁化县石塘古村举行，613 名来自全省各地的定向运动爱好者参与本站赛事。

据了解，本站比赛包括短距离赛、团队赛两个项目，分为男子精英组、女子精英组、男子公开组、女子公开组等组别。各组录取前八名予以现金奖励并颁发奖杯。

早上 9 时许，随着鸣笛声响起，参赛选手手戴指卡，拿着指北针、地图，分批依次出发，奔向古色古香的石塘村。大家按图索骥，寻找任务点，打卡计时，力争用时最少完成比赛任务。最终，杜坚华、周梓盈分获短距离赛男子精英组、女子精英组第一名。团队赛中，广东轻工职业技术学院代表队获女子精英组第一名，男子精英组第一名被中山纪念中学代表队收入囊中。

据悉，定向运动是一项极富群众性、趣味性、知识性、竞争性和军事意义的新型全民健身运动。本次比赛旨在将体育与“寻找南粤古驿道，讲述广东好故事”古驿道保护利用、古村落保护开发，以及改善农村人居环境、实施精准扶贫脱贫等工作紧密结合，落实全民健身国家战略和省政府关于加快发展体育产业促进体育消费的实施意见精神，让陈列在南粤大地上的遗产活起来。

近年来，我市坚持以户外运动为抓手，以南粤古驿道为主线，依托独特的生态环境、优美的自然风光、璀璨的人文历史，打造了一批具有特色的户外运动品牌项目。今年，我市还将举办广东省送你铁人三项活动、广东省奔向第一峰铁人三项挑战赛、广东省环南水湖自行车公开赛和第九届徒步穿越丹霞山活动等，展现韶关山水的独特魅力。

---

① 原载《韶关日报》2016 年 7 月 11 日。

链接：石塘古村拉开南粤古驿道定向大赛序幕[①]

7月10日，在绵绵细雨中，2016年南粤古驿道定向大赛首赛——韶关仁化石塘古村站拉开竞赛的序幕。

当日有近千名选手冒着沥沥小雨参赛，吸引了成千上万的村民和游客一路助威与欣赏。当日，广东省政府、省委农办、住房和城乡建设厅、文化厅、体育局、旅游局、地方志办公室等单位的领导参加了开幕式。

广东省体育局领导在致辞中表示，定向运动是一项极富群众性、趣味性、知识性、竞争性和军事意义的新型全民健身运动。石塘古村又是国家级历史文化名村。在此地举办比赛，能将体育与古驿道保护利用、古村落保护开发，以及改善农村人居环境、实施精准扶贫脱贫等工作紧密结合起来，能提升全民健身，促进旅游消费，帮助山区脱贫奔小康。

据仁化县委介绍，石塘古村始建于明朝洪武年间，经历600多年风雨，现存古屋、古寨、古巷、古井等古建筑106座，占地约15公顷。同时该村还有非物质文化遗产的仁化石塘堆花米酒；与傅抱石、徐悲鸿等齐名的“台湾抽象派”先驱、画坛巨匠李仲生亦生于此。

2010年，石塘村被评为中国历史文化古村；2015年，被评为广东旅游名村。该古村距国家AAAAA级景区丹霞山约24千米，已经成为众多游客游览丹霞山线路上的重要一站。

◉ 汽车集结赛暨南粤古驿道文化万里行

赛事组织　2016年“一带一路”汽车集结赛暨南粤古驿道文化万里行于2016年11月15—24日举行，横跨广东、福建、广西三省（自治区）。以广州为起点，肇庆高要宋隆小镇为终点，途经汕尾海丰、广东汕头、福建泉州、福建永定、梅州大埔、河源连平、韶关仁化、清远阳山、广西贺州等11个站点10个赛段，总行程超万里。

韶关仁化站站点设在石塘古村。

① 原载《香港商报》2016年7月11日。

赛事规程 汽车集结赛是在不封闭的公共道路上遵照国家交通法规，按照规定的时间和路线行驶，不以竞速为目的的汽车比赛。该次集结赛分 9 个车组，在 8 日内进行 11 站比赛，角逐最终的个人车组和团体车组冠军。

赛事活动 2016 年 11 月 19 日中午，2016 年“一带一路”汽车集结赛暨南粤古驿道文化万里行顺利抵达仁化县石塘村。赛事人员利用有限的时间参观了石塘古村，感受古村璀璨的人文历史和浓郁的民俗风情。石塘村的古驿道、古屋、古巷、古井、古寨、古风、古韵以及深厚的历史文化底蕴给参赛人员留下了深刻的印象，获得了一致称赞和好评。下午 3 时，在石塘古村举行了第七站的发车仪式。

◉“醉美历史古镇，穿越红色石塘”趣味定向大赛

赛事组织 为贯彻落实国家、省、市关于体育产业发展政策及中共仁化县委、县人民政府打造休闲旅游“慢城”、创建全域旅游示范县的精神，仁化县体育局主办了“醉美历史古镇，穿越红色石塘”趣味定向大赛捆绑旅游首场活动。该活动通过采取政府主办、行业协会指导、企业参与相结合的办法，与旅游景区、摄影等行业强强联手，将石塘古村红色历史、月姐歌、仁化石塘堆花米酒等文化进行有效宣传，打造成韶关市一个高品质的旅游文化大品牌。

赛事规程 以“醉美石塘”为活动主题，以“趣味定向”大赛为载体，以推动旅游经济及文化深度发展的理念为牵动力，采取“线上话题宣传造势 + 线下趣味活动体验”相结合的方式，分话题炒作、线上召集英雄好汉、寻找继承者、继承者悬念揭晓和传播

参赛选手在双峰寨前合影（2016 年）
何为君　摄

参赛车辆整装待发（2016 年）　何为君　摄

2016 年 11 月 19 日，“醉美历史古镇，穿越红色石塘”趣味定向大赛启动仪式（2016 年）

龙全明　摄

仁化石塘堆花米酒文化 4 个阶段进行。通过环境氛围包装，使石塘古村落回到虚拟的清朝年间，并对石塘古村进行拟人化包装，设置性格、身价、体形、内涵、风采、声音等 12 个主题任务，让活动参与者按要求逐一完成主题任务，向公众展示仁化石塘古村悠久历史的独特文化魅力。

“醉美历史古镇，穿越红色石塘”趣味定向大赛是南粤古驿道定向大赛常态化的延续。举办方拟在 2018 年 12 月前，每月举办两次以上的趣味定向大赛，以促进仁化县“体育 + 旅游”的发展。

参赛选手整装待发（2016 年）　　龙全明　摄

赛事活动 2016 年 11 月 19 日，仁化县“醉美历史古镇，穿越红色石塘”趣味定向大赛捆绑旅游首场活动在石塘古村成功举办。活动吸引了 500 余名选手参与，通过穿越剧情引导，提高了活动趣味性和参与度，生动展示了石塘古村落古屋、古巷、古井、古歌、古寨、古风、古韵的独特魅力，完美地宣传了浓厚的爱国主义精神和深厚的历史文化底蕴。

◉ 月姐歌

每到中秋节，月光如水泻在地上，石塘村里便开始了一年一度的拜月姐和唱月姐歌。妇女们用独特的石塘方言和着唐宫音韵，载歌载舞地唱起了月姐歌，歌声在石塘村上空萦绕。

表演形式 月姐歌是石塘村一项独特的民间传统艺术，她的独特表演有六点：一是有时间规定。月姐歌要设有月姐坛（堂），每年的八月初一唱至八月十五，即从初一接月姐到十五送月姐，其余时间不唱。二是地点。一般是选在大户人家的大厅里，以阁（大家族）为单位设立月姐坛，石塘村最兴旺时有 11 个月姐坛。三是人物。月姐歌是妇女的专利，一般每个歌坛有成员 30 人，不论老少均为清一色的女性，男性不得参加。四是唱月姐歌只能口传心授，一代传一代没有任何文字记载。五是月姐歌一定要用石塘方言演唱，不用石塘方言唱的不是月姐歌。六是月姐歌有唐韵，以坐唱为主，没有乐器伴奏。

八月初一前，妇女们便选定、布置好月姐坛。月姐坛设在成员家中的大厅神桌下方，用一张八仙桌，桌上两侧各绑上一截黄香簕，两枝簕上扎满彩纸，再用彩纸剪一个八卦挂在两截簕的中间。桌上摆上香炉及柚子、龙眼、糍粑等供品，下方放一个竹箩，箩上放一个簸箕，内装 1 千克大米，簸箕上面还要放一个小箕，箕踵上缠一块红花布，或用红毛线、鸡冠花作装饰，小箕踵下方绑一根筷子，做成月姐坛。

晚饭后，歌者开始入场。人齐了，点上香烛，燃放鞭炮，大家齐齐跪拜，集体跪着唱《接月姐歌》，唱完一轮接一轮，直至唱到把月姐“接”来才告一段落。月姐接来后，大家站起，各自找位置坐好，然后选一个人“迷”月姐。迷月姐的角色由少女担任。迷月姐时唱《迷月姐歌》。《迷月姐歌》要反复唱，唱完一轮接一轮，直至唱到少女把凳子一掀，证明月姐上身了才结束。之后，“月姐”要求大家按她的指令，或唱歌，或做游

月姐坛（2008 年） 龙全明 摄

准备迎月姐（2008 年） 龙全明 摄

戏，或独唱，或对唱，或小组唱。活动从晚上的七八点持续到十一点，但不能超过晚上十二点。如果时间超过了零点，会犯忌，迷月姐的这个少女就不会醒来而有生命危险。晚上十一点后，要“送月姐”，送月姐要唱《送月姐歌》，形式和接月姐相同。送完月姐后活动结束。

唱月姐歌，局限于不在大庭广众的场所演唱，活动地域狭窄，只有讲石塘方言的村庄可唱，其他地方都流传不开，没有任何音乐伴奏，没有舞蹈伴随，曲调较简单，多以吟唱为主。这种表演形式因受地域、人群、方言和特定的时间影响，所以登不上舞台。

2004 年，在省、市、县、镇各级文化部门和宣传媒体的重视和帮助下，石塘村对月姐歌进行改革创新尝试，将月姐歌加入音乐、舞蹈等元素，改坐唱、静唱变为歌舞表演唱。这一改革受到群众好评。2009 年 10 月，石塘月姐歌被列入广东省第三批省级非物质文化遗产保护项目名录，并加以传承保护。经过不断地创新改进，月姐歌在各级组织举办的庆祝文艺活动比赛中，屡获金、银奖。2012 年 11 月，石塘月姐歌在参加中国第二届客家文化节开幕式暨客家文艺精品会演中获银奖。

唱月姐歌（2011 年）　　龙全明　摄

文化传承

月姐歌的传说　相传，月姐歌是唐朝一位名叫月莲的宫女教唱的。

月莲，江苏扬州人氏，官宦人家。在一次选美中，月莲被选上。钦差大人拆散了她原来的爱情。月莲被迫选征入宫，并被册封为修仪。

月莲姑娘到皇宫后，想念家乡的双亲和心上人，倍感孤寂。每当明月挂上苍穹时，她就对着明月叙述自己的心事，边哭边说，以解心中之苦楚。月莲因深通音律，便将自己的诉说配成凄美的韵调对月吟唱。渐渐地，宫中怨女们也跟着吟唱，于是，这凄楚的歌声便在深锁的皇宫中渐渐传开了，日复一日，年复一年。

当时，宫内有个刘公公。刘公公忠厚老实，喜欢帮助弱者。一个明月皎洁之晚，刘公公在月色下踱步，听到假山背后传来一阵低低的哽咽声，不由自主地朝哭声走去，把正要寻短见的女子救了下来。这个女子就是月莲姑娘。

经过一番劝慰，刘公公了解事情的原委后，决定冒着生命危险帮助月莲姑娘逃出皇宫。月莲在刘公公的带领下，从水涵中偷偷出宫。逃出了京城的月莲女扮男装，一路往南走，不敢回家。她清楚地意识到，她的出走，肯定会惹怒皇帝。在艰难的晓行夜宿中，她走了好几个月，一路上担惊受怕。一天，她到了一个地方，觉得离京城已经很远，精神一放松，就生病昏迷了过去。

几天后，月莲醒来时，发现自己躺在一个陌生的地方。在她惊诧不已时，一位中年妇女推门而入。月莲才知道她是躺在客栈里，是一位姓徐的公子救了她，面前这位中年妇女就是客栈的老板娘。

没多久，徐公子从外面回来，他是去药店替月莲买药，见到月莲醒过来，很高兴。通过交谈，月莲对徐公子有了一个很好的印象。徐公子告诉月莲，现在住的地方是湖南郴州，与广东交界，他自己本是广东仁化潼阳人。徐公子诚恳邀月莲姑娘同他一起去仁化，一定保证月莲姑娘的安全。徐公子的诚恳打动了月莲。于是，月莲来到了仁化潼阳。

潼阳人是好客的。乡亲们见徐公子带回了一个漂亮的姑娘，个个都为徐公子高兴，到徐公子家来的邻居们几乎挤破了门，大家对月莲的美貌赞不绝口。

月莲不仅人美，心更美。她到潼阳后，很快与乡亲们打成了一片，没多久就学会了本地方言。由于月莲平易近人，又知书达礼，村里人都喜欢跟她在一起。在村里，月莲成了一个人人都愿意交往的人。

月莲来到潼阳后，也跟当地的妇女一样，按照当地的风俗习惯生活。月莲见多识广，为人和气，村里的妇女们有什么心事都愿意向她倾诉。月莲心情好起来后，在明月皎洁之夜，又开始唱歌了。

“月莲，你的歌唱得很好听，这是什么歌呀？”姑娘们听到月莲唱歌，不觉好奇地问她。月莲当然不能说这是在皇宫时唱的幽怨，只能说是随意唱的家乡小调。姑娘们便要月莲教她们唱歌。月莲便将她在皇宫时唱的调，套上即时编的词教了起来。

月莲在教歌的同时，不断地编歌词。她唱与亲人的思念之情，唱妇女对生活的向

村中老人在讲述月姐歌的传说（2011 年）　　龙全明　摄

齐唱月姐歌（2011 年）　　龙全明　摄

月姐歌表演（2011 年）　　龙全明　摄

往，唱人间的世态炎凉，唱英雄豪杰，唱季节农事，唱社会上的好人善事。就这样，这些歌一直流传下来。由于歌是对月而唱，而歌又是月莲最先在潼阳教大家唱的，所以，这歌就被人们命名为“月姐歌”，一直流传下来。

后来，月莲过世了，而月姐歌却越唱越旺，内容也在不断增加，曲调也有了变化。越往下传，当地的民俗味道越浓。到了明朝，潼阳已经成了石塘，石塘人唱月姐歌也到了鼎盛时期。唱月姐歌已成为当地妇女一项重要的生活内容，唱月姐歌的形式形成了一个规模，而且有一套固定的程序，一直流传至今。

传承人谭彩霞　月姐歌是古代男权时代妇女们因地位低下而抒发郁闷心声、向往自由美好的一种表达方式。如今，月姐歌已成为石塘村妇女当家做主，歌颂男女平等、社会和谐、家庭和睦、生活美满的一个缩影。石塘村 90 多岁的谭彩霞老人就是月姐歌的传人。她目不识丁，但凭借自己的记忆，将月姐歌的歌词复述出来，让人用笔记录下来。这样，濒临失传的月姐歌才得以保存下来。2011 年，石塘月姐歌传承人谭彩霞（时年 88 岁）被评为广东省第二批省级非物质文化遗产项目代表性传承人。

听老奶奶讲月姐歌的传说（2011 年） 龙全明 摄

链接：石塘月姐歌的文化传承[①]

石塘月姐歌是当地流传悠久的一种独特的民间传统艺术，2009 年月姐歌申报省级非物质文化遗产项目获得成功。

月姐歌相传是唐代的一位富女逃到石塘后才开始教唱而形成的，月姐歌说出了广大妇女的共鸣点，唱出了广大妇女在封建时代的心声，得到了广大妇女的爱戴，所以久唱不衰，越发兴旺。但在“文化大革命”期间，因受政治氛围的影响，月姐歌被说是封建时代的产物，要破旧立新，以至于无人敢冒此大不韪，无人敢再唱了，月姐歌一度销声匿迹了。

1974 年，广东省音乐研究室主任宗江到石塘搜集音乐素材，将月姐歌全部实行录音、记词。从此，月姐歌又开始焕发“青春”了。接着，韶关市文化局又到石塘搜集民间歌谣。1981 年，广东韶关地区文艺创作室编印的《粤北采茶

① 作者李招环，仁化县石塘镇政府原工作人员。

戏音乐》一书，将月姐歌收录进了书中。1988年，《韶关歌谣集成》一书再次将月姐歌收录其中。还有《中国歌谣集成》（广东卷）、《粤北民歌200首》等书都把月姐歌收入书中。

2004年，广东省南方二台、韶关电视台到石塘拍石塘月姐歌专题片。2006年7月，中央电视台中文国际频道拍摄组到石塘拍摄《寻找消失的韶乐》石塘月姐歌；9月13日，《月姐歌》在中央电视台中文国际频道播出。2009年，仁化电视台到石塘拍摄《李昭环的月姐歌情怀》专题片。2010年3月，仁化县政协到石塘拍摄《探秘石塘村》电视专题片。在各级党委、政府和宣传部门的努力宣传推动下，石塘月姐歌走上舞台，走出石塘。石塘“月姐歌”表演队不但到全县各乡镇演出，2012年11月17日还参加中国第二届客家文化节在河源举办的演出。这个成绩来之不易，这个传统文化艺术要传承下去。

传承，就需要接班人，就需要从少年开始培养。2016年7月，县文化广电新闻出版局文工团团长、文化馆馆长等一行6人到石塘采风时，曾说到仁化县有一支少年醒狮队，非常引人注目，到处去参加比赛和庆典活动，他们的醒狮队很活跃。就是这么一提醒，我们月姐歌也能否在石塘村举办一个非物质文化遗产“月姐歌”的少儿一期培训班，使月姐歌这一传统民间艺术奇葩，一代一代承传下去呢？当时正当是农忙季节，唱月姐歌的大姐们都是家里的主要劳动力，非常辛苦，不知能否抽出时间来教。可又想到这是个好时机，如果暑期办了培训班，到了中秋，这班小学生们就可以同台汇报演出了，到时有很多宣传媒体都会来，这样会带动很多人都来学唱月姐歌。月姐歌的承传和发展趋势将会更加喜人。就这样，经与老大姐们商议，当天晚上，月姐歌承传人李玉清召集了全体队员进行座谈。大家表示，为了关心下一代，为了月姐歌的传承与发展，一致赞成不怕辛苦，克服困难，要把这个培训班办起来。当即，我们就进行了分工，每人都分配了任务，利用中午休息时间，每人落实对象，进家上门宣传发动。第二天晚上，报名参加的小学生有23人，其中，10岁至13岁的有12人，6岁至9岁的有11人。7月24日，县文化广电新闻出版局为培训班送来了横额——“省级非遗项目‘石塘月姐歌’传授班”，同时，还赠送了舞台板、文件袋、煮水煲等。还专门为培训班制定了课程安排表，拟定授课老师、内容，以两个老师为一组，照轮。从7月

24 日开始每天 13 时至 15 时为上课时间。经过一个多月的培训，学员们不但学会了唱几首歌，还学会了表演，效果甚是喜人。2016 年 9 月 30 日，在仁化县举办的庆祝中华人民共和国成立 67 周年文艺晚会上，小学员们登台表演，得到了广大观众好评。

石塘月姐歌后继有人，月姐歌的承传将代代相传，不断发展。

歌曲选录 有千年历史的月姐歌在石塘是以口口相传的形式流传，内容丰富，数量繁多，却无文字记载。改革开放后的月姐歌，是文艺工作者以文字符号形式整理出来的，其中融入了一些现代生活、生产元素，体现了月姐歌的与时俱进。

接月姐

赏高月，高云清，高云修个春秋间。契月契，契阳间，契过阳间卷嫦娥。嫦娥卷，高云清，高得飘飘流秀荫。萝卜过，萝卜青，烧酒添供奉清明。上上契，果子香，串串果子报平安。

迷月姐

担杆神，熬龙神，日造水，夜迷人；迷得到，第一好，迷唔到，笑死阳间两仔嫂。（唱三轮）

送月姐 [①]

烽火兵鸣角，当兵走北西；狂风北风疾，一火拉龙来；更深夜习习，酌酒送怀前；手捧三杯酒，鸡公白马来；羊头高月影，月影遮园西；花好园西好，爆竹送天归。

接月姐（2011 年）
龙全明 摄

迷月姐（2011 年）
龙全明 摄

送月姐（2011 年）
龙全明 摄

① 《送月姐》一歌是表现唐代连年战乱，朝廷征兵，不少青年被征入伍，与妻子分手时的悲惨情景。亲人走后，妻子在月夜之时，将亲手扎的纸花投入河中，以示对征人的思念之情。

怨爷娘

椒子打花心里黄（啊），寻条杉木斗凉床。斗起凉床鸳鸯对（啊），对起鸳鸯对凤凰。对就对，唔该对起三五岁。夜晚抱上床，叫我是阿娘。日里抱下地，人说是夫妻。

酒盅呢白盈盈

酒盅呢，白盈盈，带大老弟冇人情。
火砖起屋姐冇份，石阶铺路姐冇行。
行一脚，哭一声，撩起罗裙擦眼睛。
擦烂眼睛如是可，踏烂花鞋针线多。
红丝线锁鞋头，绿丝线锁鞋边；
亲手送到姑婆边，姑婆话我针脚丑。
无爹无娘嫂嫂边，房间梳头嫂又嫌。
带大老妹三五年，迟添三年嫁了妹。
妹呢走了嫌花钱，大哥开口打一个，
细哥开口打一双。

禾燕燕　碰碰飞

禾燕燕，碰碰飞，做人媳妇真吃亏，滚茶滚饭人吃了，冷水淘饭留我归。

一条禾秆

一条禾秆两条心，我爷养女二号心；
大女放在高梁屋，细女放在田中心；
六月校[①]田田六[②]脚，头戴笠帽日晒心。
一条禾秆两条心，我爷养女二号心；
大女放在陈州府，细女放在撑船流；
餐餐食饭冷凳板，如同饿鬼捧香炉。
一条禾秆两条心，我爷放女无眼睛；
大路堂堂怎不放，放在山中水路头；
不见官爷骑马过，只见猴哥爬树头；

① 校，即耘。
② 六，即烫。

日带[①] 听得老鸦叫，暗布[②] 听到山水流。

（以上这几首歌，是倾诉式的。唱歌者唱的是心中的埋怨。也许，她们将对社会的抱怨，对命运的抱怨，对父母的抱怨唱了出来，心中就会好受多了）

一把梳子

一把梳子滑溜溜，埕姐梳头不要油；

埕姐梳髻扎心肝，唔嫁秀才要嫁官；

嫁起官来官厅坐，四人抬轿进衙门；

进了一重又一重，进了九重三个厅。

新做荷包

新绣荷包两条须，正月去啦二月归；堂前[③] 话我去格久[④]，姐妹团圆唔标[⑤] 归；新做荷包两边红，一边狮子一边龙；狮子滚球龙滚水，独龙滚水满江河。

绣香包

正月香包绣牡丹，好花落了（哩）姐伤心；郎要麒麟对狮子（呀），姐要金鸡（哩）对凤凰。

二月香包绣两行，绣个香包铜钱大；绣个香包铜钱圆呀，百样花朵（哩）香包藏。

三月香包绣三行，姐在房中（哩）绣鸳鸯；姐在房中鸳鸯绣，鸳鸯成对（哩）姐成双。

四月香包绣四行，郎在厅里（哩）写字行；郎在厅中字写行呀，字字成对（哩）姐成双。

五月香包绣五行，玉龙含凤又含花；娇郎打来江边过，箭箭射来都成龙。

六月香包绣六行，上楼发火下楼光；照见我郎白如雪，照见我姐白如霜。

七月香包绣七行，绣起织女会中郎；绣起天上七姐妹，绣起神仙来下凡。

八月香包绣八行，绣起八仙翻龙江；绣起天上娥眉月，绣起天上月团圆。

九月香包绣九行，九月九日是重阳；旁人话我绣得好，不晓老人在何方。

十月香包绣十行，绣起文官对武官；绣起文武两边排，真命天子坐朝纲。

十一月香包绣得起，绣个香包郎带起；绣个香包娇郎带，嘱口娇郎莫传人。

---

① 日带，即白天。

② 暗布，即晚上。

③ 堂前，即是婆婆。

④ 格久，即太久。

⑤ 唔标，即不给。

十二月香包绣得起，绣个香包送娇郎；绣个香包郎带去，娇郎带去过新年。

（以上的这几首歌，是妇女对生活的一种向往。她们向往着嫁一个当官的男人，可以享受人上人的生活；她们也向往嫁一个有真情，真心实意对自己的男人。而这些心里话向谁诉说呢？只有在夜深人静，月光皎洁之时对月亮倾诉）

长工歌

正月长工真可怜（呀），打起包袱（呀）讲长年；工钱讲了十八吊（呀），认真挨苦（呀）做一年。

二月长工真可怜（呀），东家带我（呀）去做田；上垌做到下垌转（呀），做到门口（呀）做秧田。

三月长工真可怜（呀），带张牛犁（呀）去犁田；牛绳披在牛背上（呀），微风细雨（呀）在眼前。

四月长工真可怜（呀），背把推耙（呀）去搓田；左手拿条耕田棍（呀），右手拿个（呀）烂草笠。

五月长工真可怜（呀），挑担黄秧（呀）去莳田；长长短短莳下去（呀），头脑落地（呀）背朝天。

六月长工真可怜（呀），东家给把（呀）老蒲扇；叫其细女来扇凉（呀），又嫌重来（呀）又嫌轻。

七月长工真可怜（呀），家家户户（呀）打纸钱；十三十四想去转[①]（呀），周身上下（呀）没个钱。

八月长工真可怜（呀），条条猪崽（呀）大门前；措手措脚[②]那块好（呀），摸下身上（呀）又无钱。

九月长工真可怜（呀），担担谷子（呀）进街檐；踢个脚趾谷倒了（呀），东家定要（呀）扣工钱。

十月长工真可怜（呀），担担番薯（呀）进街檐；大男细仔拿一个（呀），唔晓东家（呀）嫌唔嫌。

十一月长工真可怜（呀），牵条牛牯（呀）去犁田；田水冻得脚打颤（呀），想做

① 转，即回家。

② 措手措脚，即碍手碍脚。

衣裳（呀）又无钱。

十二月长工真可怜（呀），一年长工（呀）没个钱；大街小巷到处转（呀），唔晓哪里（呀）过个年。

叙事歌

正月里来是元宵，薛刚醉酒犯天条；唐朝军师徐茂公，夜斩金莲换薛蛟。

二月里来月又清，瓦岗寨上程咬金；三鞭一锤秦叔宝，夜打荆州小罗成。

三月里来三月三，昭君娘娘去和番；抬头望见毛延寿，手捧琵琶马上弹。

四月里来莲花红，手拿长枪赵子龙；百万军中救阿斗，万人头上称英雄。

五月里来是端阳，窝盘棒下咬脐郎；柳州做官柳知县，房事受苦李三娘。

六月里来热洋洋，楚国出了楚霸王；霸王困在乌江上，韩信功劳在何方。

七月里来秋风起，孟姜女子披寒衣；万里长城走不到，鞋尖脚小步难移。

八月里来是中秋，孔明要水到九州；孔明灯上中秋月，月下不到心溜斜。

九月里来是重阳，单刀赴会关云长；过了五关斩六将，擂鼓三通斩蔡阳。

十月里来飘大江，五龙困了王彦章；甘罗十二为丞相，太公八十遇文王。

十一月里来就三冬，打落田中会丢空；征东一个薛仁贵，征西一个女寨王。

十二月里又一年，不收一家好少年；刘氏四娘开斋戒，沉香救母劈华山。

竹叶歌

正月好唱竹叶新，门前花灯闹沉沉，姐妹大家看龙灯呀，多看（个）龙灯赛赢人。

二月好唱竹叶新，门前种子闹沉沉，姐妹上岭看种子，看了种子赛赢人。

三月好唱竹叶新，门前笋芽闹沉沉，姐妹上岭采竹笋，多采笋芽赛赢人。

四月好唱竹叶新，门前莲花闹沉沉，姐妹上塘打莲花，多采莲花赛赢人。

五月好唱竹叶新，门前龙船闹沉沉，姐妹河边看龙船，多看龙船赛赢人。

六月好唱竹叶新，门前禾花闹沉沉，姐妹下田看禾花，多看禾花赛赢人。

七月好唱竹叶新，门前黄藤闹沉沉，姐妹团圆看黄藤，多看黄藤赛赢人。

八月好唱竹叶新，门前桂花闹沉沉，姐妹路边摘桂花，多摘桂花赛赢人。

九月好唱竹叶新，门前菊花闹沉沉，姐妹蹲下采菊花，多采菊花赛赢人。

十月好唱竹叶新，门前芙蓉闹沉沉，姐妹篱下采芙蓉，多采芙蓉赛赢人。

十一月好唱竹叶新，门前牡丹闹沉沉，姐妹路边采牡丹，多采牡丹赛赢人。

十二月好唱竹叶新，门前蜡梅闹沉沉，姐妹上山采梅花，多采梅花赛赢人。

送月姐（2008 年） 龙全明 摄

（以上这几首歌，均是叙述的歌，歌中的内容基本上是利用一年十二个月中的季节变换加以一些相应的内容，以反复的形式表达人生感悟）

梁山伯祝英台[①]

秀才君子识文章，手拈（拿）文章点一行；
念上三行至（好）易得，请你英台是小娘。
英台年少心思念，地名叫作白石山；
行出路口撞（遇）个良君子，同你俩人悠悠去。
百家行成到学堂，双手推开学堂门；
请你先生齐教书，三千学生齐施礼；
齐齐施礼礼礼双，同你俩人悠悠去。
百家行成过松山，松树头下排年记；
松树头下乘风凉，天头（上）一对雁鹅叫；
前生前世的夫妻，同你俩人悠悠去。
百家行成过大江，山伯回头微微笑；
英台过江不捞衣，至大身湿至大凉；

① 此歌为戏文歌。像这种类型的歌，在石塘的月姐歌中还有很多，都是靠口说心记传下来。

至大身湿头（歇）风凉，上有皇天下有地；
风吹日晒自然干，同你俩人悠悠去。
百家行成过庙堂，两边两向泥菩萨；
中间少个做媒人，两边两向砸阴阳；
我是阴来你是阳，同你俩人悠悠去。
百家行成到学堂，同笔写字纸同张；
一盏明灯同照光，一张棉被同遮盖；
床中放碗床中水，谁人抖动罚你三船纸张灰。
山伯上床微微笑，英台上床不解衣；
英台身穿罗衣三百件，解没衣来大天光；
英台五更起床识文章，识没文章大天光。
我昨日暗布（晚上）做一梦，梦到我娘神台坐，口口叫我回归一圈（一趟）。
英台回归几时到，英台回归几时来；
松树开花我就到，松树结籽我不来；
桃树开花我就到，桃树结籽我不来。
英台门口什吗（么）号，英台门口什吗（么）楼。
英台门口新盖琉璃瓦，一对狮子含金钱；
英台门口一对大鱼塘，一对妹叫劲摆衣裳；
松树开花松结籽，一半青来一半黄；
桃树开花桃结籽，一半青来一半黄。
借问妹呢祝丈公，借问妹呢祝姑爷；
我家只有祝小姐，我家无有祝丈公；
我家只有祝姑娘，我家无有祝姑爷。
祝小姐祝姑娘，你在房中办梳妆；
前插珍珠三五串，后插珍珠三五行，身穿罗衣口含八角漏身香。
山伯肚饥有桌中菜，山伯颈干（口渴）有壶中酒；
山伯肚饥唔食你桌中菜，山伯颈干唔尝你壶中酒。
一心想你祝小姐，二心想你祝姑娘；
我爷食了马家肉，我爷饮了马家汤；

我辞了马家来对你，免了我爷大操心。
山伯回家见父母，我儿出门桃花色，我儿归家菜花黄；
还话（或是）读书太操心，还话寒冷少衣裳。
我唔系读书太操心，我唔系寒冷少衣裳；
我同既（她）英台三年同入学，同笔写字纸同张；
一盏明灯同照光，一张棉被同遮盖，不晓英台是女郎。
祝小姐祝姑娘，开条药单（方）我儿食，我儿食了结成双；
一味开来雷公手指夹，二味开来雷公脑汁浆；
三味开来瓦上雪，四味开来瓦上霜。
婆婆何能寻得四味药，不如我肚中割条肠。
祝小姐祝姑娘，彪（拿）件罗衣我儿抹，我儿抹了见阎王；
死了埋在马家大路口，等我出嫁好庄（上）香；
轿客放下来，等我庄（上）份香来结成双；
一拜龙门开条裂，二拜龙门咬咬（慢慢）开；
三拜龙门就进了，轿客不要拉；
拉烂罗裙变飞耙（蝴蝶），拉烂花带变花蛇。

月姐歌表演（2010 年） 龙全明 摄

◉ 仁化石塘堆花米酒

唐代诗人孟浩然《过故人庄》："故人具鸡黍，邀我至田家。绿树村边合，青山郭外斜。开轩面场圃，把酒话桑麻。待到重阳日，还来就菊花。"诗人以口语化的形式，用平淡无奇、自然流畅、诗意淳厚的语言，给人们描绘了一幅美丽的山村风光和平静和谐的田园生活。石塘，就是这样的一处山村。在石塘，只要走进农家，热情好客的主人定会捧出他那醇香的美酒招待你。而这酒，物美价廉，以清、香、醇而闻名，入口微苦，而后甘甜，让人回味无穷，它有一个奇特的名字叫"堆花酒"。

石塘米酒至今已有上千年的酿造历史，仁化石塘堆花米酒的出现也有600多年的历史。2012年2月，石塘堆花米酒酿造技艺被列入广东省第四批省级非物质文化遗产名录。

酿造历史 石塘盛产粮食，和其他地方一样，石塘村自有人居住以来，酒就伴随日常生产生活应运而生。在自酿自蒸的过程中，石塘人用本地盛产的优质糯米、本土上等的井泉，以特殊而繁杂的工序酿造出一种独特的米酒。它清而淡香，醇而不浓，烈而不上头，斟酒时因酒面总是不断地冒着如珠似玉的层层叠叠的酒花而取名"仁化石塘堆花米酒"。《仁化县志》载："仁化农村历来有酿酒习惯，石塘、扶溪产的'磊花酒'酒洌香醇，颇负盛名。"仁化石塘堆花米酒也叫磊花酒、垒花酒。

早在明朝年间，石塘就是远近闻名的"千家村"。村中不仅有许多店铺，还有定期的赶集日，每逢赶集日之时，各村村民及邻近市县商贾都到石塘圩赶集。其时，有一位

清洌香醇的仁化石塘堆花米酒（2017年）
龙全明 摄

古村酒坊古村酒坊（2015年） 龙全明 摄

古村酒坊（2017年）
龙全明 摄

从江西吉安迁到仁化定居的酿酒师傅，也到石塘赶集。他一进入石塘，就被石塘清甜的井水和田野里饱满的稻谷吸引了，认为这里是一个绝好的酿酒之处。于是，他便在石塘扎根下来，用村里清澈的井泉、上等的大米，配以自制的酒曲（小曲，又称“酒饼”“酒药”）酿出了堆花米酒。其质、味、香可与江西吉安的堆花曲酒媲美。

花篮装仁化石塘堆花米酒（2017 年）
龙全明　摄

仁化石塘堆花米酒问世后，迅速在石塘周边传开，得到众多酒民认可。渐渐地，仁化石塘堆花米酒的名气大增，作坊、酒肆数量也日益扩大，销售量越来越大。及至清中期，仁化石塘堆花米酒在粤北酿酒业享有尊崇地位，酿酒业成为石塘村的支柱产业。到了清光绪年间（1875—1908），石塘村有堆花米酒的酒庄 90 余家，仅三角街就有 30 多家，最高峰时全村有酿酒坊 200 多家。这些酒庄、作坊所生产的仁化石塘堆花米酒除满足邻近县区外，还远销外地。二十世纪四五十年代，酿酒的村民靠双脚肩挑，成群结队，跋山涉水送往富国（花坪）、犁铺头（犁市）河边码头，再装载上船把米酒运往韶关、广州、佛山等地，甚至出口到东南亚各国。

据说，一位石塘人前往广州走亲戚，觉得没什么礼物好带，思来想去，觉得唯一能拿得出手的只有仁化石塘堆花米酒，就带上一桶酒上了火车。酒上了火车之后，随着车厢的不断摇摆，酒也不断地在桶内摇晃，冒泡堆花，将阵阵酒香晃出桶外，整节车厢散发着酒香。

车厢内，有一个懂酒的人对溢出的酒香随口称赞。淳朴的石塘人听到有人赞他的酒，高兴得不得了，连忙打开酒桶舀出一小勺酒给称赞的那位旅客品尝。桶盖一揭开，浓浓的酒香更是冲了出来，整节车厢的旅客更是异口同声地连声称赞：“好酒好酒！”石塘人更是喜不自胜，他将桶内的酒舀出来让所有的旅客品尝。旅客喝了石塘堆花米酒后齐声叫好，喝得很是高兴。车还未到广州，一桶酒被喝得点滴不剩，还有许多人意犹未尽。

在粤北的一些城镇，也同样有很多专卖本地酿的土酒——仁化石塘堆花米酒。走进店内，大大小小若干个酒缸醒目地摆放。店主人会应顾客要求从每缸里舀出酒来让顾客先尝，尝完再买。

2016 年，石塘村有酒坊 26 家，年产堆花米酒 283.5 吨。

酿造工艺　仁化石塘堆花米酒的酿造工艺较为独特和复杂，选用本地产的稻米和村内井泉水，经淘、滤、蒸后，用野生酒饼叶、串地龙、五指毛桃、辣蓼、大小茴香、细辛、桂皮等十几种药材自制的酒饼为糖化发酵剂，再经摊冷、捞拌、入缸、控湿、控温、固态培菌糖化、小缸入窖半固态发酵、柴火双蒸、井泉冷却等多道传统工序酿制而成。熟练的酿酒师可依据不同的需要和回甑混蒸等控制或调节酒精度。仁化石塘堆花米酒的酒精度按其度数可以分为 30 度的最初级、40 度的第二级、50 度的第三级和 60 度的第四级，50 度以上才能起堆花，陈酒味道也更为醇香。经过数道精微工序酿出来的仁化石塘堆花米酒酒花圆润，酒色清澈，酒质甘美，气味醇香，喝了不口干、不上头。如果将酒盛在玻璃瓶内摇晃，可见酒泡成堆花状，经久不散。《韶州府志》记载："清酒随处俱有。以黏米酿成，味清而香烈。冬酒蒸糯米为之。置厨屋间，经十年者，香甜异常，并能补血。"

捞饭古村酒坊（2015 年）　　龙全明　摄

摊冷古村酒坊（2015 年）　　龙全明　摄

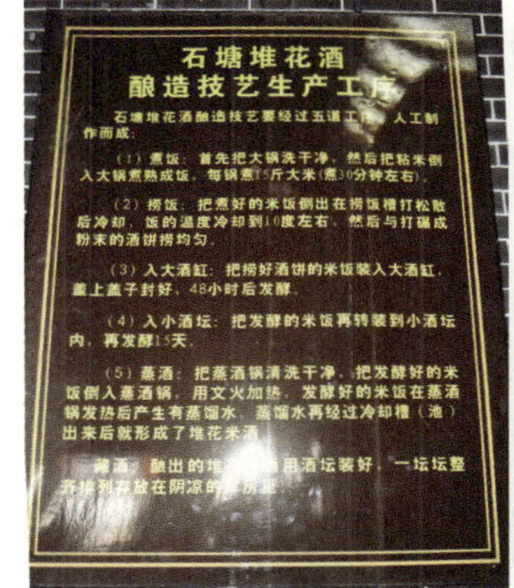

仁化石塘堆花米酒酿造技艺生产工艺流程简介古村酒坊（2017 年）

谢嘉文　摄

双蒸古村酒坊（2015 年）　　龙全明　摄

衍生产品

由于仁化石塘堆花米酒清、香、醇，是浸泡各种食材的最佳选择，当地许多百姓配上一些中草药泡制成百岁补酒或铁打药酒等，作为日常养生之酒。

铁皮石斛酒 具有补肾，强筋骨，除痒等功效，适宜腰腿疼痛，体倦无力，风湿痹等症者饮用。

枸杞酒 具有益气健胃、补肾强精、消除疲劳等功效，适宜神疲肢倦、失眠、胃寒、阳痿者饮用。

杨梅酒 具有生津、止渴、调五脏、涤肠胃、除烦愦恶气之功效，以预防中暑和解除轻度暑热为主，暑犯心营、肝风内动等症者忌饮。

青梅酒 具有清热解暑，生津和胃，止痢止泻，止痛止呕之效，夏季痧气、腹痛吐泻（包括夏季肠炎、食物中毒性胃肠病等）症状者适量饮用。

蛇酒 具有祛风活络、行气和血、滋阴壮阳、祛湿散寒等功效，有很好的强身健体、驱除瘴气、毒气效果，能治疗多种疾病。当然，为安全起见，也不能乱用毒蛇泡酒饮用。

桃金娘酒 即山棯子酒，有行气、补血、固精之功效。适用于各种贫血、身体羸弱、遗精、早泄等症。

金樱子酒 具有固精、缩尿、止带，涩肠止泻，益气补肾功效，适宜于遗精滑泄、

仁化石塘堆花米酒系列之一（2017 年）

龙全明　摄

仁化石塘堆花米酒系列之二（2017 年）

谢嘉文　摄

仁化石塘堆花米酒系列之三（2017 年）

谢嘉文　摄

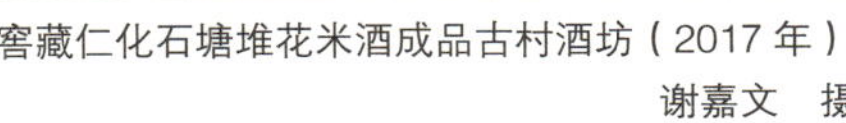

窖藏仁化石塘堆花米酒成品古村酒坊（2017 年）
谢嘉文　摄

仁化石塘堆花米酒成品古村酒坊（2017 年）
谢嘉文　摄

带下过多者，有助脾虚约束不力所致的泻痢。

枳椇酒　枳椇，又称拐枣、万字梨、结扭、鸡爪梨，经三蒸三晒后所泡之酒，具有祛风胜湿功效，适宜于风湿性关节炎患者饮用。

沉香酒　沉香为瑞香科植物白木含有树脂的木材，以沉香所泡的酒，具有行气通窍，增强人体阳气和免疫力的功效，适宜于肾虚气逆喘急者饮用。

文化传承　起初的仁化石塘堆花米酒仅是村民用以自斟自酌，自给自足。随着其酒质和知名度的提高，仁化石塘堆花米酒走向市场，越来越多的村民开始学习堆花米酒的酿造技艺，邻里相传，父承子袭。如今，作为石塘当地的特色旅游产品以及一项传承多年的技艺，其发展一直得到当地政府部门的关心与扶持。2000 年后，省、市、县领导到石塘调研时都纷纷提出，要好好把握这项技艺，进一步规范化生产，把仁化石塘堆花米酒投向市场、产出效益。石塘的酿酒户们也迫切希望能做大做强仁化石塘堆花米酒品牌，提高知名度，扩大销量，增加收入。

据《仁化县志（1979—2000）》记载："1996 年，石塘镇首家大型私营酿酒企业——石塘酒业制造有限公司成立，8 月动土兴建厂房。1997 年 11 月倒闭。1998 年酒厂厂房转包给江西个体户承包经营。除以上大型酒厂外，各镇农村都有个体酿酒，其中石塘镇各个自然村都有酿酒出售，2000 年全镇已有 130 多户，年产量 864 吨。"2013 年 6 月 27 日，仁化县石塘镇农副产品（仁化石塘堆花米酒）专业合作社成立。同时，完成了仁化石塘堆花米酒包装设计工作，开发包装"丹霞米酒"产品，将原石塘电影院改造为仁化石塘堆花米酒展览馆，规范石塘镇内各酿酒作坊的外观、酒旗、招牌，形成古色古香的“丹霞仁家”系列酒庄品牌；加大招商引资力度，吸引社会资金，投资仁化石塘堆花米酒产业；建立健全仁化石塘堆花米酒合作社规章制度，完善运行机制，加强管理，提高经营水平，加大石塘酿酒文化、工艺、产品宣传力度，提高知名度。加大仁化石塘堆花米酒作为优秀历史文化的传承保护力度。2012 年 2 月，仁化石塘堆花米酒酿造技艺被列入广东省第四批省级非物质文化遗产保护项目名录。

代表性传承人物

仁化石塘堆花米酒代表性传承人主要有两支，一支为李玉粟谱系，一支为李建炎谱系。

李玉粟　1967 年 1 月生于石塘村梨树下坊，是仁化石塘堆花米酒第六代传承人。14 岁开始跟父亲学制酒饼和酿制仁化石塘堆花米酒，至今已有 30 多年。在多年的酿酒生涯中，李玉粟练就了娴熟的酿酒技艺，对仁化石塘堆花米酒产生了深厚的感情。为了使仁化石塘堆花米酒能更好地传承下去，李玉粟让在外打工的儿子回到家中，跟着自己学习酿酒技艺。他说：“每当有人慕名而来买酒时，自己都会非常开心，感觉得到了认可。看着他们的现在，就好像和我年轻的时候一样。仁化石塘堆花米酒具有非常大的历史价值，我从祖辈那里学过来，现在就要继续一路传承下去。”2012 年，李玉粟被评为广东省第三批非物质文化遗产项目代表性传承人。

李玉粟支传承谱系一览表

表 8

代别	姓名	性别	出生年份	居住地
第一代	李联昌	男	1825	石塘村梨树下组
第二代	李益谦	男	1844	石塘村梨树下组
第三代	李忠龄	男	1860	石塘村梨树下组
第四代	李建松	男	1881	石塘村梨树下组
第五代	李朝训	男	1936	石塘村梨树下组
	李朝锡	男	1934	石塘村梨树下组
第六代	李玉粟	男	1967	石塘村梨树下组
第七代	李振弘	男	1990	石塘村梨树下组

李建炎　1922 年出生于石塘村蔡屋组，10 多岁开始跟从父亲学酿制仁化石塘堆花

米酒，并通过自身努力自学制作酒饼，是仁化石塘堆花米酒第二代传承人。其子李烈明是其传承人谱系第三代传承人。20 世纪 90 年代，李烈明跟从父亲学制酒饼和酿制仁化石塘堆花米酒，至今已 20 年，较好地掌握了传统的酿酒技艺。

李建炎支传承谱系一览表

表 9

代别	姓名	性别	出生年份	居住地
第一代	李东荣	男	1891	石塘村蔡屋组
第二代	李建炎	男	1922	石塘村蔡屋组
第三代	李烈明	男	1955	石塘村蔡屋组

◉ 民俗活动

石塘村民俗活动种类较多。每年的正月初一都举行舞狮、舞龙、装故事、拜年、拜神上香等活动，直至元宵节；清明上坟，祭拜祖先，用艾草做艾糍；端阳节包粽子，饮雄黄酒，将艾草、菖蒲、樟树花挂在门楣，以示驱邪；五月中旬，将五谷主塑像抬出游神“摆禾苗”；关公（关羽）生日，在关帝庙打醮、演戏以示纪念；七月十五日，缅怀先祖，烧纸钱，祭拜祖先；八月初一起，妇女们每夜在月姐堂唱月姐歌，放鞭炮，直闹至八月十五日中秋夜送月姐，从不间断，家中赏月，食月饼、水果，共团圆；十月、十一月，在庙宇打醮，举行庙会；冬至前后，家家做牛古糍（糯米糍）或杀猪、捕鱼，制晒腊肉、腊鱼、腊肠、腊鸭；腊月初，打扫屋舍；腊月二十四过小年，做糖环、灰水糍、油角、扣肉，炸蚝豉等；除夕贴春联，祭拜祖先，燃放鞭炮，食年夜饭；零点迎灶神，贴灶主（灶神），放鞭炮，放烟花，闹新春。

游神　俗称“摆禾苗”。每年农历五月，当广袤的田野上长出绿油油的禾苗时，村民们便自发组织起来用红布作底将庙中的五谷主塑像放在太师椅上安坐好。再用竹竿作架抬起塑像在田基上穿行，敲锣打鼓，燃放鞭炮紧随其后。丰年时，祈求上苍恩赐大地风调雨顺、五谷丰登，老百姓能过上丰衣足食的好日子。若遇年成不好，田野禾苗暴发病虫灾害，村民们则将五谷主塑像抬到田野游行，祈求神明护佑，灭虫消灾。

装故事 又称“飘色”，是民间一种流动舞台上的戏剧造型艺术。石塘村的“装故事”通常由两三个儿童在用竹木或铁质材料扎制成的“故事架”上扮演神话故事或历史传奇中的戏剧人物角色，由四位成年人抬着，在八音锣鼓队奏乐跟随中，一边按预先规划好的线路缓慢行进，一边模拟故事场面进行表演，供人观赏。一般一个故事架演绎一个故事。“女孩上过装，婆家不用相；男孩上过装，媳妇随便相”。在架子上表演的儿童略施粉黛，面色粉红，他们上方各“举”一名幼儿，其间又带几分惊险，更令人叫绝。

“装故事”是石塘村的一大盛事。每逢重大节日，当地村民会以“装故事”的活动形式祈求神灵保佑、平安吉祥，各村村民们也纷纷赶来观看，场面壮观，热闹非凡。

舞狮 也称“舞瑞狮”，是石塘村欢度春节的一项民间娱乐活动。狮分“狮头”和“狮尾”两部分，艳丽而不失雄威。狮头用纸扎成类似狮子头模样，以一块五颜六色的布作狮尾，连着狮头。舞狮时，由两人操作，一人舞狮头，一人舞狮尾。前面有一个或两个戴着面具的“大头佛”引路陪伴，狮后是一面由两人抬着的大鼓和一钹一镲。舞狮者听从鼓声的指挥，鼓声强壮，狮头就舞得雄猛生威；鼓声弱小，狮头就舞得显出几分温驯。

拜年时，“狮子”每到一户门口，预先等着的户主就会把点燃的鞭炮连续不断地扔向狮头。狮头在手拿蒲扇的“大头佛”引导下不断躲闪，不让鞭炮扔在狮头上。鞭炮放得越多，狮舞得越猛，就表示年景越吉祥、顺利。

舞狮队伍每到一座宗祠时，宗祠前的空坪上早已站满了看舞狮的村民。一座宗祠就是一个宗族的分支。为了迎接舞狮，显示分支宗族的财力、物力和威望，分支族长会从

古村舞狮舞龙贺新春（2012 年） 龙全明 摄

游神（2012 年） 龙全明 摄

舞狮（2013 年）　　龙全明　摄

舞狮祈福（2012 年）　　龙全明　摄

族产里拿出一部分钱买上许多鞭炮，做好迎接准备。等舞狮队伍一到，分支族长就发令叫族中青壮年男子将点燃的鞭炮朝狮头抛去。霎时间，锣鼓声已被鞭炮声淹没，漫天的烟雾将狮头笼罩。鞭炮还在不断地朝狮头抛去，鼓声也仍然不断地响，狮头则更是不停地舞着，只不过舞狮头的人换了一个又一个，个个累得气喘吁吁，大汗淋漓，被鞭炮的硝烟呛得不断咳嗽、流眼泪，但他们仍然很高兴。

也有的分支宗族会在宗祠前让"狮子"进行采青。采青的样式有两种，一种叫"采高青"，一种叫"采水青"。采高青是在宗祠门口的横梁上直垂而下一条小红绳，红绳上绑着一把青菜和一锭白银（民国时改为大洋，新中国成立后改为现金红包）。这红绳绑着的青菜和白银离地丈余高，舞狮者要将青菜和白银采下来。舞狮者先找来一根竹竿竖在地面，一边舞狮一边顺竿而上，直爬到顶，在鼓点声的指挥下，舞狮者要做完一套常规动作，内容包括"对天长啸""朝天祈祷""朝地拜祭"……寓意求天地保平安、降祯祥。几套动作做完后才能将"青"采下。此时，主家又放几挂鞭炮，狮头也对主家以及其宗祠门拜上几拜才离去。采水青则是在平地上将几张桌子叠搭起来，垒成一个高台，在地上放一盆水，水中是一把青菜和一锭白银。采青时，狮头在鼓声指挥下跃上高台，和采高青一样先表演一套常规动作，再进入采青阶段。只不过在高台上表演比在竹竿上表演则要潇洒自如许多，其舞姿刚劲有力，看者无不叫好。常规动作舞完之后，舞狮头者要将水盆里的一盆水全部"喝"干（舞狮头者用预先准备的毛巾将水吸干，寓意风调雨顺），才可将青菜和银锭采走，然后从高台跳下来，

古寨舞狮表演（2012 年）　　龙全明　摄

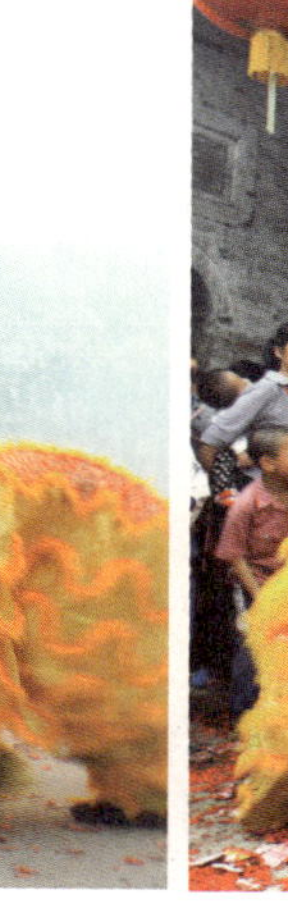

舞狮表演（2012 年）　　龙全明　摄

迎接又一阵猛烈的鞭炮。

舞春牛　是石塘村春节至元宵节表演的一种民间传统娱乐活动，主要寄托人民的新春祝福，预示新的一年风调雨顺、丰衣足食、五谷丰登、六畜兴旺。

牛是勤劳、勇敢、诚实、纯朴的象征，是石塘人民最喜爱的家畜之一。春牛的制作随着社会的不断进步而有所不同。二十世纪五六十年代的春牛是用竹片编织而成，牛头、牛角糊上以桐油浸过的土纸，画上牛眼，用一块黑布作牛身。改革开放后，随着生活水平的不断提高，春牛的制作材料也开始变化，牛头、牛身的用料有了改进。

舞春牛是由两人表演，一人扮演牛，一人扮演放牛郎。主要表演农耕时的犁田、耙田、滚碌轴等动作。表演者边舞边唱，内容是歌唱牛的伟大、勤劳，歌唱一年四季平安吉祥。改革开放后，表演元素融入了歌颂时代进步和社会发展等方面的内容。

舞火龙　是石塘村民在元宵节晚上表演的一种民俗活动。

舞火龙表演前，人们在稻草扎制的龙身、龙头上插满香，随之点燃。点燃之后的火龙金光闪闪。表演时，“龙”被舞龙者舞得上下翻飞，行云流水，光斑闪烁，繁“星”流动，动作流畅，看起来形象逼真，场面蔚为壮观。

每年元宵节的晚上，夜幕降临，在开阔的晒谷坪上开始舞龙的前奏。龙香点燃后就开始舞动，动作内容有“跳跃龙门”“云游四海”等，表演时更换步伐，转换造型，舞姿矫健，气势磅礴，呈现出流光溢彩的动态美，突显了龙的矫健、变幻、神秘特征。

石塘舞火龙在粤北山区民间表演艺术中占有重要的地位，是民间舞蹈表演艺术的一

元宵舞火龙（2011年） 龙全明 摄

舞龙（2012年） 龙全明 摄

个缩影，对弘扬粤北民间文化艺术起到了一定的促进作用。

三眼炮 原是明朝时一种单兵冷热兼用的火器，其模样犹如一支狼牙棒，上面有三个眼孔。使用时，孔内装填火药，点燃引线，射向对方，射完三次之后，三眼炮又是一件很趁手的武器，可以与对方厮杀。后来，三眼炮演变成一种用来代表热闹的用品。逢年过节时，由官府放响三眼炮之后，民间各家各户才能够上香放鞭炮。再后来，民间每逢有需要放鞭炮的日子，会先放三眼炮，或者三眼炮与鞭炮同时燃放。

每当节日要放炮之时，石塘村的炮手们在三眼炮里装上火药，炮下有一个小孔，装炸药时先将一条引线从小孔中穿入，然后再装火药，放炮时点燃引线，炮手随之将三眼炮高举，炸药爆炸冲上天空。炮响之时，大部分看热闹的小孩早已捂上了耳朵，而那些未捂耳朵的小孩则被巨大的炮声震得目瞪口呆，其他小伙伴乐得笑弯了腰。

打醮 道士设坛为人做法事，是求福禳灾的一种法事活动。冬天到了，农事暂告一个段落，农民们为了感谢神灵带来一年的收获，祈求上苍来年风调雨顺、五谷丰登，各种祭祀活动也在农村上演，以此来消灾免难，接受上苍的赐福与庇佑。

新中国成立前，石塘村每年都要举行打醮活动。

打醮的前一天，醮手们会在一起商讨打醮的各项事务，打彩门，垒灶膛，起天坛，请各路神仙等。第二天凌晨，厨房的人就开始忙碌起来，打醮的人们匆忙吃点东西之后抬着菩萨，由鼓手带领，开始游乡。沿途的村民纷纷用手中的香换下香炉上的香，然后插在自家香案上，或门前，或院子里，意思是祖师爷已请到了自家，一家老小已在祖师爷的庇护之内。第三天是打醮最为热闹的一天。人们纷拥而至，来到打醮的现场。现场有一个高耸的幡子，幡子上挂着长长的红布条，人们围着幡子转圈，道士在前面拿着法器，口里念念有词。第四天是吃醮日。醮会上宰猪杀鸡，大摆筵席。筵席后，开始移交醮社，打醮方告结束。

打醮期间，会有外村人来参加打醮，走亲访友，热闹非凡。如今，打醮一事仍在传承。

腾龙歌盛世（2013年）　　龙全明　摄

旅游开发

石塘村的旅游开发主要以突出古村建筑特色和红色历史文化元素为主。改革开放后，当地政府不断投入资金，对石塘古村予以维护修缮，维修了双峰寨、三多昌杂货铺、百年理发店、农民协会办公旧址、李仲生故居等一批景点，建起了旅游咨询服务中心、特色农产品交易展示中心、仁化石塘堆花米酒展览馆、石塘镇思源农家乐、蝴蝶园广场、双峰寨广场等，村容村貌焕然一新。2016 年，石塘村成功创建为国家 AAA 级旅游景区。

石塘村为明清历史聚落，村落规模宏大，村落的传统空间格局和历史风貌、街巷肌理保存完好，传统文化遗产极为丰富，自然环境良好，乡土气息浓厚，总面积 15 公顷。2016 年，全村人口 3560 人。该村广东省内大革命纪念地、历史文化遗产地、历史自然环境结合地的典型代表。

石塘村历经 600 多年的风雨沧桑，村内保留有全国重点文物保护单位、广东省爱国主义教育基地、广东省中共党史教育基地双峰寨及各类古建筑 130 余座；传唱了数百年的月姐歌为广东省级非物质文化遗产；仁化石塘堆花米酒被评为韶关市级非物质文化遗产。石塘村的古文化遗迹和红色旅游资源丰富，是理想的影视拍摄首选地，电影《三湘风云录》在此全景、全程拍摄，电影《第一军旗》亦在双峰寨取景。2013 年后，当地政府把保护和挖掘石塘村文化遗产，打造历史文化品牌，作为实施品牌带动战略的重要内容，加大力度保护石塘村古建筑、古雕刻、古村道、古城堡，极力打造石塘村古文化品牌，将石塘打造成红色生态旅游胜地和影视拍摄基地。

石塘生态旅游开发项目旅游片区约 2.3 平方千米，景点占地面积约 15 公顷，建设工程分三期进行：第一期开展双峰寨和石塘古村的修葺，第二期开展新农村示范基地建设，第三期建设大水坝水库休闲度假村。

石塘村生态旅游开发项目于 2011 年经仁化县发展和改革局批准立项，可行性研究报告、环境影响评价、土地预审、选址意见书均已批复。已开展第一期双峰古寨及石塘古村的修葺工作，2011 年 8 月，石塘古村向游人开放。截至 2016 年年底，在各级部门的支持下，石塘镇已陆续投入 1490.5 万元用于景区建设。其中，投入 30 万元进行景区

广东省仁化县石塘镇人民政府：

经住房和城乡建设部、国家文物局评定，命名你镇石塘村为中国历史文化名村。

二〇一〇年七月二十二日

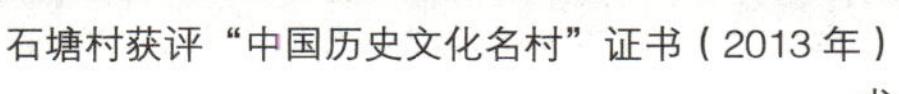

石塘村获评“中国历史文化名村”证书（2013 年） 龙全明　摄

石塘村获评为国家 AAA 级旅游景区（2017 年） 谢嘉文　摄

规划，投入 60 万元完成双峰寨护城河清淤加固，投入 220 万元完成双峰寨一、二期维修，投入 75 万元完成李仲生故居维修，投入 130 万元完成蝴蝶园广场建设，投入 21.5 万元完成古村历史水系改造整治，投入 39 万元完成古村污水处理系统建设，投入 50 万元完成双峰寨前广场建设，投入 50 万元完成仁化石塘堆花米酒展览馆建设，投入 35 万元完成古村游客中心建设，投入 10 万元进行古村日常保洁，投入 770 万元进行古村街道、古民居建筑修缮及消防设施、人行步道、亮化、公厕等建设（含贻德堂、三多昌杂货铺维修）。

2016 年，石塘古村景区被评为国家 AAA 级旅游景区。

◉ 景区建设

按照县委、县政府提出的“人心向旅、规划引旅、项目强旅、服务优旅”的十六字旅游发展部署，石塘镇坚持规划引领，科学保护，积极推进革命老区历史文化名村保护、建设和旅游开发，加快“两中心一家一馆”项目建设。结合全镇总体规划和旅游总体规划等实际，大力实施“四化推四区”战略，全力抓好各项工作。重点结合名寨古村，不断挖掘石塘酿酒文化，充分发挥古酒的品牌效应，进一步规范化生产，促进仁化石塘堆花米酒提质提量。

双峰寨护城河清淤加固 2013 年，争取上级资金 100 万元，完成双峰寨护城河清淤建设工程，对护城河及周边的淤泥挖运并对挡土墙进行除险加固。工程完成后，河内水质大有改观。投入 30 万元进行护城河护栏加固项目，并对挡土墙进行除险加固。护城河进入河内渠道排污与周围景观设置阶段。投入资金 60 万元，完成双峰寨护城河水排

双峰寨护城河清淤（2013 年） 龙全明 摄

双峰寨瓦檐维修（2013 年） 龙全明 摄

污工程和双峰寨护城河的清淤工程，引入干净水源，形成水源循环，改善护城河景观水质，有效解决了村民污水排放管网问题，避免了生活污水直排对双峰寨护城河产生污染、蚊蝇滋生、臭气四处飘散的现象。

双峰寨维修 1983 年，县政府拨款 13 万元，对双峰寨进行了首次抢救维护。1997 年，争取省、市文化管理局办公室支持，县政府拨款 40 多万元，对双峰寨进行了一次全面的保护维修，恢复农军饭堂，在农军饭堂内开设“仁化暴动暨双峰寨保卫战革命历史文物展览馆”。2009—2010 年，县博物馆争取资金 15 万元，对双峰寨进行抢修保护，并通过了省专家组验收；同时，制定了《石塘双峰寨护城河整治与修缮方案》。2012 年，完成双峰寨第一期复原维修工程。2013 年 7 月 12 日，投入 100 万元启动第二期复原维修工程，2013 年 12 月中旬完工。完成木桥和主城楼的木质结构楼板更换，走廊的护栏、瓦檐和架梁的复原维修以及城墙的修补等工程，使双峰寨得到有效的修缮保护。

“两中心一馆一家”建设 “两中心”指旅游咨询服务中心和特色农产品交易展示中心，位于石塘镇国土所一楼。该项目于 2013 年 11 月 11 日动工建设，是年 12 月底建成，累计投入 40 万元。

旅游咨询服务中心通过多媒体系统、电子触摸屏、免费宣传资料和现场咨询服务人员的方式，向游客提供相关旅游信息，全面展示石塘旅游形象。特色农产品交易展示中心项目建设，有利于完善基础设施，改善综合服务，有效实现农产品价值，拉动农业和农村经济持续发展。“两中心”建设不仅有利于石塘旅游发展，而且还有益于提高老百姓收入。

“一馆”指仁化石塘堆花米酒展览馆，位于石塘电影院原址，于 2013 年 10 月初动工建设，同年 12 月中旬完工，项目总投入 40 万元。展厅内含前言、概况、酒历史、传承人简介、制酒工艺、主要特征、展品展示、重要价值、远景规划等分区。该展览馆的建成有利于做大做强仁化石塘堆花米酒，提高仁化石塘堆花米酒酿造技艺知名度，促进仁化石塘堆花米酒与古村旅游开发充分融合。

“一家”指石塘镇思源农家乐，位于石塘村内，背靠青山，交通便利。截至 2016 年年底，石塘镇思源农家乐建成 6 间客房及一个户外搭棚，可满足 200 人同时进餐。农家乐建筑保持着古朴风格和农家原味，以石塘扣肉、酥嫩炸鱼、石塘炸蚝豉和墨鱼肉、仁化石塘堆花米酒等为特色。

石塘镇思源农家乐于 2013 年进行改造建设，新建了门楼。该农家乐建成后，在附近池塘中心设有水上餐厅，可满足 300 ～ 500 人同时进餐；装修有豪华客房，新建了停车场，绿化美化了环境，成为“丹霞仁家”标准化星级农家乐。

李仲生故居维修　李仲生故居坐西向东，偏南约 30 度，主屋为四间双坡板瓦屋面，清水砖墙，内表面抹灰，有二层阁楼，后期加建一处三层阁楼；主屋北侧有炮楼，四层高，双坡板瓦屋面，清水砖墙；南侧设入口门楼，双坡板瓦屋面，砌清水砖墙；西侧为厨房，双坡板瓦屋面，砌清水砖墙。整组建筑从工艺材料到结构形式都体现了传统徽派建筑艺术与当地客家文化相融合，因地制宜、就地取材、坚固耐用等特点。2012 年，仁

石塘堆花米酒展览馆（2017 年）

谢嘉文　摄

李仲生故居（2010 年）

龙全明　摄

化县博物馆投入 80 万元启动李仲生故居维修工程。2013 年，李仲生故居完成修缮。

蝴蝶园与双峰寨寨前广场建设 蝴蝶园广场项目总投资 145 万元，其中，韶关市房地产协会捐赠资金 96 万元，省农村公益事业建设一事一议财政奖补资金 29 万元，石塘镇政府多方筹资 20 万元。工程设施建设于 2014 年 7 月底完工，完成广场绿道、仿传统建筑商店、仿传统古井、小表演平台等设施。

双峰寨前广场建设项目于 2012 年 12 月启动，2013 年 10 月完工，项目总投资 51 万元，建设面积 2300 平方米。项目完成排水系统改造、铺设青砖、围墙翻新与健身器材安装等工程。项目建成后，改善了村容村貌，完善了石塘古村保护开发配套设施建设，为群众开展娱乐健身活动提供了好去处。

石塘村创建国家 AAA 级旅游景区 石塘古村始建于明代，现保存有明清及民国时期的古建筑 133 座，其中双峰寨为古堡式碉楼，属全国重点文物保护单位、广东省爱国主义教育基地、广东省中共党史教育基地。该村采用秘制工艺酿制的仁化石塘堆花米酒和独特民间传统艺术月姐歌被列入广东省非物质文化遗产。2010 年，石塘村被评为中国历史文化名村，是韶关市唯一获此殊荣的古村；2012 年 12 月，石塘村上榜首批中国传统村落名录，成为韶关市唯一上榜中国传统村落古村。

为打响古村品牌，造福当地百姓，2015 年 3 月，仁化县启动石塘古村创建国家

蝴蝶园广场（2012 年） 龙全明 摄

双峰寨寨前广场（2017 年） 谢嘉文 摄

石塘古村游客服务中心（2017 年）　谢嘉文　摄

修缮一新的高门槛街（2017 年）　谢嘉文　摄

AAA 级旅游景区工作，共投入资金 1490.5 万元，按照“修旧如旧，开发与保护并重”的原则，推动古村旅游环境提档升级。全面完成了景区规划，双峰寨护城河清淤加固，双峰寨一、二期维修，李仲生故居维修，蝴蝶园以及双峰寨前广场建设，仁化石塘堆花米酒展览馆、游客服务中心等项目建设，将古村打造为具有地方特色和知名度的国家 AAA 级文化旅游胜地。2015 年，该村共接待游客 21 万人次，带动了当地餐饮、住宿和农特产品等相关产业发展。

古寨腾龙（2012 年）　龙全明　摄

2016 年 2 月，石塘古村成功创建为国家 AAA 级旅游景区，成为该县除丹霞山外的另一个国家 AAA 级以上旅游景区。

主要景点

石塘村是仁化县最大的自然村，也是韶关市范围内集古屋、古巷、古井、古寨、古风、古韵于一体，历史文化底蕴深厚、古建筑群较大、保存较完好的一个古村落。村内以双峰寨为主体，留下了老一辈无产阶级革命家在石塘进行革命斗争的光辉足迹。人们在进行生产、生活和革命斗争过程中，创造出一道道深厚、亮丽的自然、人文景观，成为石塘村不可或缺的一部分。

仁化石塘堆花米酒展览馆 位于石塘村东南，坐东向西，建于 2013 年 12 月，占地面积 1000 平方米，系由原石塘电影院改造而成，共三层，一楼为展览大厅，分为酒历史、建设工艺传承区、制酒用具展示区、产品展示区、鉴赏体验区和远景规划区等。二楼、三楼为办公区域。堆花米酒展览馆与世界地质公园丹霞山、全国重点文物保护单位双峰寨、中国历史文化名村石塘古村融为一体，形成名山名寨、古村古酒品牌，对传承和发展石塘酿酒文化，有着积极的推动作用。

李仲生故居 始建于清代，砖木结构，占地面积约 150 平方米。主屋为两套三间架并排，第二套两间架的最后一间（北面）为小炮楼代替。双坡板瓦屋面，清水砖墙，内表面抹灰，有两层阁楼，后期加建一处三层阁楼。主屋设有两扇大门，均有防御眼。第一扇大门的防御眼可瞭望入口处弧长四五米、纵深五米视野，没有死角。两扇大门分入两个大厅，大厅后以木板作屏风。屏风后有木板楼梯上阁楼，并开一扇后门到后院，连接后面街道。第三间房有小木板楼梯供人上下。大厅与第三间房、第三间房与第四间房之间有门连接。门口南侧设入口，东面为厨房，已拆除；正屋西侧为双层阁楼，可供人居住，有通道连接后门。整组建筑从工艺材料到结构形式都体现了传统徽派建筑艺术与当地客家文化相融合，因地制宜、就地取材、坚固耐用、防御和实用相结合等特点。

李氏宗祠 石塘古村的李氏宗祠有多间，鼎盛时期，村中李氏宗祠有远绪堂（即儒林宗祠）、礼园宗祠、三多堂（即过路宗祠）、继述堂（即火冲宗祠、和衷宗祠）、奉先堂、妥侑堂、贻德堂、高宗祠和厥庆堂等，现存三多堂、奉先堂、妥侑堂、贻德堂和锡类堂 5 座，其中厥庆堂于新中国成立前坍塌，远绪堂于 1969 年被拆除，继述堂于 1967 年被改建为双峰礼堂。

李仲生故居（2015 年）

龙全明　摄　　石塘古村三角街（2015 年）

百年理发店　位于石塘村三角街中心地带。理发店坐东向西，为砖木结构建筑。店中有一张做工精美的理发座椅，可以见证理发店的百年历史。民国初年，该店由一位黄姓理发师傅经营。黄师傅为人厚道，手艺甚好，做工细致、周到，深受石塘村民喜爱。抗日战争期间，杨胜才一家从外地移居石塘村。当年的杨胜才体质弱、个子小，其母将他安排在该理发店做学徒，学手艺。杨胜才在理发店当学徒时，手脚勤快，深受黄师傅喜爱。黄师傅将所有手艺传授给杨胜才。杨胜才学得真传，手艺深湛，也深受石塘村人厚爱。从此，杨胜才留在店里一直从事理发工作。2013 年，因年事高、视力弱而退出理发工作，在家安度晚年。杨胜才在该店从事理发工作近 70 年。

农民协会办公旧址　位于石塘村梨树下三角街附近，为青砖木结构徽派建筑，坐西向东，共三间，中间是大厅，厅内有天井，南北两侧是厢房，厅门口有一条内街，内街通往大街有一闸门。1926 年秋，中共党员宋华（又名宋华兴，广东佛冈人）到仁化发动农民开展农民运动。石塘乡农民协会成立后，宋华在此办公，处理农民运动有关事宜。该旧址现为县级文物保护单位，保存完好。

三多堂　又名过路宗祠，位于石塘村的中心地带，在楼下村小组内，是石塘古村现存最早的李氏宗祠，寓意“子多、福多、寿多”。该祠坐北朝南，始建于明代，由李氏十二世祖公大用公所建，为泥砖木料建筑，建筑面积 60 平方米，现保存完好。

龙全明 摄

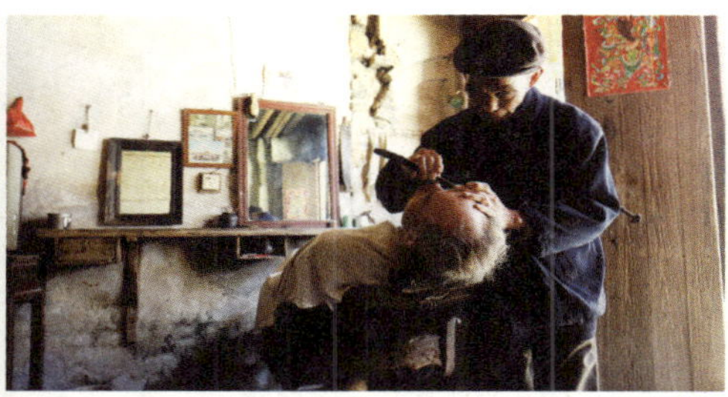

杨胜才师傅为顾客理发（2013 年）

龙全明 摄

妥侑堂（2017 年）

谢嘉文 摄

石塘村其他景点一览表

表 10

景点名称	景点类型	位置	特点	备注
泽被苍梧门	门楼	蔡屋	建于清代，砖木结构，门上镶匾额“泽被苍梧”	保存完好
德宁门	门楼	火冲	建于民国时期，砖木结构	保存完好
李朝楼家大门前	照壁	梨树下	建于清代，砖瓦结构	保存完好
奉先堂	宗祠	楼下	建于清代，砖木结构，高大	保存完好
司马第	街巷	高门槛大街	建于明代，两旁有古建筑物	保存完好
三多昌	店铺	高门槛街	建于民国时期，砖木结构，店门上方有原屋主所书“三多昌杂货店”字样	保存完好
石塘堆花米酒坊	店铺	三角街	建于民国时期，中西结合，青砖结构	保存完好，广东省非物质文化遗产保护示范基地
礼园大饭堂	饭堂	礼园	建于 1958 年，砖木结构	原人民公社食堂，保存完好
墙　壁	文化墙	双峰寨西侧	建于 2014 年，有雕塑，为人物、制酒工艺流程等图案	保存完好

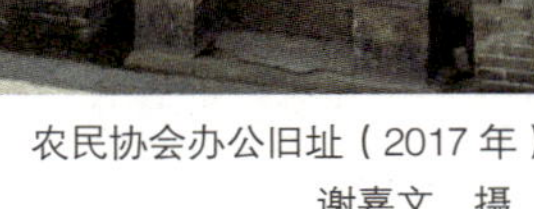
农民协会办公旧址（2017 年）
谢嘉文　摄

三多堂（2017 年）　　龙全明　摄

◉ 旅游节庆活动

石塘古村历史文化底蕴深厚，村落格局完整，建筑风格独特，民俗礼仪特色浓郁，是韶关市第一个中国历史文化名村，旅游文化资源丰富。当地政府为深入挖掘和展示石塘古村丰富而独特的旅游资源，加大石塘古村旅游推广力度，加快石塘古村旅游目的地形象建设，发挥旅游在扩大内需、拉动消费、富民利民的积极作用，利用整合旅游文化资源，打造旅游节庆品牌。2011 年后，当地政府结合古村资源，举办了旅游文化节和各种摄影采风活动，推动了石塘古村休闲观光旅游业发展，提高了石塘古村的知名度。

仁化县石塘生态旅游文化节（2011 年）　　龙全明　摄

“游丹霞·看名村·赏民俗”石塘民俗文化节（2011 年）　　龙全明　摄

“游丹霞·看名村·赏民俗”石塘民俗文化节　是 2011 年广东国际旅游文化节系列节庆活动之一。2011 年 10 月 20 日，“游丹霞·看名村·赏民俗”石塘民俗文化节在石塘古村隆重开幕。活动内容主要有古村渊源及双峰寨历史介绍、粤北采茶情景歌舞剧《丰碑》第一幕《血染双峰寨》表演、石塘月姐歌演出、双峰寨图片展、游览古村古街古巷、品尝风味小吃、观赏仁化石塘堆花米酒酿造工艺以及有关领导与专家学者座谈交流、探讨古村落保护与未来发展。

链接：首届“游丹霞·看名村·赏民俗”石塘民俗文化节举行[①]

10 月 20 日上午，在 2011 年广东国际旅游文化节仁化石塘分会场举行首届“游丹霞·看名村·赏民俗”石塘民俗文化节，共同迎接盛会的到来。

据了解，此次活动是广东国际旅游文化节节庆活动之一，旨在向外推介石塘古村的文化特色和丰富的旅游资源，进一步推动该村落旅游开发。

① 原载《韶关日报》2011 年 10 月 21 日。

当天活动中，主办方举行了粤北采茶情景歌舞剧《丰碑》第一幕《血染双峰寨》和石塘“月姐歌”表演，并组织参会人员游览古村三角街古街、古巷，品尝三角街风味小吃，共同感受仁化这一具红色文化、古村落民俗文化与生态观光的旅游文化项目。

据介绍，近年来，作为人文景观代表的石塘镇旅游产业发展迅速，石塘古村先后被评为广东省和中国的历史文化名村，双峰寨也被列为广东省爱国主义教育基地。在今年“2011 韶关最美旅游景区”评选活动中，石塘双峰寨和石塘古村落双双高票入选为韶关市最美旅游景区。

首届“包览·中国好风光”摄影大擂台仁化石塘采风活动

2013 年 6 月 16 日，首届“包览·中国好风光”全国摄影大擂台（仁化站）采风活动在石塘古村举办。仁化站采风活动由大众摄影杂志社、中国摄影家协会艺术摄影委员会、中共仁化

首届“包览·中国好风光”全国摄影大擂台仁化石塘采风活动（2012 年） 龙全明 摄

县委宣传部主办，有来自全国各地的摄影师 50 余人观赏了石塘村独具客家特色的建筑、舞龙舞狮、月姐歌等民俗活动。“包览 · 中国好风光”首届全国摄影大擂台是大众摄影杂志社、中国摄影家协会艺术摄影委员会为《大众摄影》杂志创刊 55 周年举办的大型活动。全国设有内蒙古乌拉盖、内蒙古苏木山、青海果洛、陕西岚皋、江苏千灯、安徽宁国、安徽霍山、安徽天柱山、福建宁德、广西北海、广西钦州、广西德天瀑布、广东南海桂城、广东仁化 14 个站点。摄影活动紧抓摄影爱好者创作热点，以影像为引导，以传播美丽中国为目标，充分调动摄影大众参与热情，开启中国好风光的行走之旅。仁化是首届“包览 · 中国好风光”全国摄影大擂台第六站。

广东省“石塘文化古村杯”摄影大赛　2014 年 3 月 29 日，由仁化县人民政府、广东省摄影家协会主办，中共仁化县委宣传部、仁化县石塘镇人民政府、仁化县文联、仁化县摄影家协会承办的广东省“石塘文化古村杯”摄影大赛颁奖仪式在仁化县石塘古村举行。

广东省“石塘文化古村杯”摄影大赛，旨在借助摄影师镜头发掘和记录仁化悠久厚重的历史文化，纯朴和谐的人文环境，宣传、推动当地文化、经济和旅游建设。大赛从 2013 年 8 月开始面向社会征稿，12 月 15 日省摄影家协会组织评委对作品进行评选，共评出获奖作品 56 幅。

仁化石塘堆花米酒旅游文化节　2014 年 1 月 19 日，仁化县在石塘镇石塘古村举办以“游石塘古村，品堆花米酒”为主题的第一届“仁化石塘堆花米酒旅游文化节”。中共韶关市委宣传部、市旅游局、市文化广播电视新闻出版局、中共仁化县委、仁化县人民政府、丹霞山管理委员会、中金岭南凡口铅锌矿、中金岭南丹霞冶炼厂、中核锦原公司以及各镇（街）和县直各部门相关负责人参加活动。该次文化节活动内容有文艺表演、石塘古村风味小吃展销、石塘古村非物质文化遗产技艺演示、游览双峰寨和石塘古村以及堆花米酒品鉴与评比。

2015 年 12 月 31 日，以“游石塘古村、品堆花米酒”为主题的仁化县第二届仁化石塘堆花米酒旅游文化节在石塘古村举行。活动共接待游客 7000 多人次，其中开幕式当天游客人数达到 5000 人，直接或间接带动古村经济收入翻一番。

仁化石塘堆花米酒旅游文化节融品农业特色产品、赏古村文化、览古村风光于一体，以“酒”为媒，以“酒”会友，推动了“美丽仁化”和“魅力石塘”建设。

首届石塘堆花米酒旅游文化节（2014 年） 龙全明 摄

链接：仁化举办首届石塘堆花米酒旅游文化节[①]

昨日，首届石塘堆花米酒旅游文化节在仁化县石塘镇开幕，香气四溢的堆花米酒味吸引了各方游客前来一品其香醇。

石塘历来有酿酒的习惯，堆花米酒集色清、气香、味醇、质优于一身，斟酒时，酒在杯中泛起一个个酒泡，层层叠叠如花一般堆起，故而得名。2011 年，石塘堆花米酒被列入广东省非物质文化遗产名录。

仁化县、石塘镇共同举办本次文化节，旨在通过一系列酒文化活动进一步挖掘和展示石塘革命老区及仁化丰富的旅游资源，提升和创新石塘酿酒文化，推动“美丽仁化”和“魅力石塘”建设。

在活动现场，远近闻名的月姐歌等文化大餐陆续上演，大批游客、市民在石塘特色美食、堆花米酒展示区流连忘返。不少游客还游览了双峰寨及石塘古

① 原载《南方日报》2014 年 1 月 20 日。

仁化石塘堆花米酒旅游文化节活动现场（2015 年） 龙全明 摄

第二届石塘堆花米酒旅游文化节（2015 年） 龙全明 摄

村，亲身感受历史文化底蕴深厚、建筑风格独特的古村落魅力。

旅游文化节还举办了石塘堆花米酒展览馆、石塘镇旅游咨询服务中心、展览中心的揭牌仪式。仁化县有关负责人表示，展览馆对外开放以后，将与世界自然遗产丹霞山、全国重点文物保护单位双峰寨、中国历史文化名村石塘古村融为一体，形成名山名寨、古村古酒品牌，对促进仁化旅游经济发展将起到积极的推动作用。

◉ 旅游线路

石塘古村附近有世界自然遗产、“丹霞地貌”命名地、世界地质公园、国家 AAAAA 级旅游景区丹霞山，国家级水利风景区韶关仁化县丹霞源水利风景区，红三角“南国天山大草原”万时山，广东境内唯一保存完好的唐塔、全国重点文物保护单位云龙寺塔，南越王赵佗称王前筑城防守“以壮横浦”的古秦城所在地、红军突破第二道封锁线中心据点的城口镇等风光秀丽的旅游景点。中共十八大后，石塘镇依托广东丹霞山世界地质公园等“大丹霞、大旅游”区位优势，制定多条旅游线路，丰富游客的旅游体验。

出行线路

线路一：丹霞山景区—云龙寺—石塘双峰寨红色旅游景区。

线路二：丹霞山景区—石塘双峰寨红色旅游景区—万时山景区。

线路三：南华寺—灵溪谷—水上丹霞—石塘双峰寨红色旅游景区。

一日游精品线路：石塘镇双峰寨—石塘镇古村落（看月姐、品堆花、赏古村）—董塘镇云龙寺—董塘思诒堂—返程。

二日游精品线路：石塘镇双峰寨—石塘镇古村落（看月姐、品堆花、赏古村）—凡口矿山公园—董塘镇云龙寺塔—董塘镇云龙寺—董塘镇思诒堂—浙溪山寺塔—董塘镇龙母宫—返程。

三日游精品线路：丹霞山景区—丹霞源水利风景区—城口—云龙寺—石塘镇双峰寨—石塘镇古村落（看月姐、品堆花、赏古村）—返程。

自驾游线路

线路一：韶关市—周田镇—国道106线—仁化县公安局—省道246线—董塘镇—石塘古村。

线路二：韶关市—周田镇—国道106线—仁化县城—董塘镇—石塘古村。

线路三：韶关市—黎市—省道246线—董塘镇—石塘古村。

石塘村旅游线路示意图　　　　石塘镇　提供

石塘古村景点示意图（2017 年）　　李竹莲　摄

村内线路

线路一：双峰寨—蝴蝶园广场—梨树下堆花酒坊—五福临门农居（国共办公点）—三角街—百年理发店—门前巷—烈士碑广场。

线路二：双峰寨—蝴蝶园广场—梨树下堆花酒坊—西洋楼—李仲生故居—接龙门—五福临门民居（国共办公点）—三角街—贻德堂—双峰礼堂—烈士碑广场。

线路三：双峰寨—蝴蝶园广场—梨树下堆花酒坊—五福临门民居（国共办公点）—嗡嗡井—礼园门—三多堂—太平巷井—泽被苍梧牌匾—妥侑堂—贻德堂—双峰礼堂—南门—烈士碑广场。

◉ 旅游服务

随着石塘古村旅游业的发展，古村旅游服务水平也在不断提升。通过开办农庄、民宿及完善景区各种硬件设施等，为游客提供全方位的服务。

景区餐饮　自 2016 年石塘古村被评为国家 AAA 级旅游景区后，每月接待游客数量持续上涨。与之配套的餐饮饭馆、农庄也像雨后春笋般相继开张。截至 2017 年 4 月底，全村有餐饮业 6 家。菜肴主要有石塘古村的特色菜扣肉、炸鱼、咕噜肉、炸蚝豉。

景区住宿　2016 年，以举办南粤古驿道定向大赛（石塘站）为契机，石塘古村有 5 间原住民的家庭旅馆开张。因客流量持续增多，2016 年 10 月，又新增一家集餐饮与住宿为一体的农家乐。截至 2017 年 4 月底，全村有旅馆（客栈）7 家。

酒艺展示（2010 年）　　龙全明　摄

风土民情

石塘物阜民丰，风土民情独特。村内特产有荸荠、炸蚝豉、花生等，村民的衣食住行、节令、婚丧喜庆等习俗与当地客家习俗并无太大差别。语言方面，村民使用的方言俚语属于客家语系中的塞麻话语种，是石塘镇最具代表性的一种地方语言；流传于该村的谚语涉及面广、形象、风趣而富哲理，通俗易懂，是历代村民在生产和生活中的智慧结晶。

◉ 特色物产

石塘村物产丰富，特色鲜明，是全县粮食主产区之一。除荸荠、优质稻谷、花生、贡柑、桃、李、砂糖橘、甜竹、甜竹笋、慈姑、莲藕、草菇等种植类作物及堆花酒之外，糖环、油角、艾糍、炸鱼、扣肉等美食也极富特色。

油角 俗称“角仔”，是当地年节传统小吃。以面粉、花生、芝麻、白糖、鸡蛋、花生油（猪油）为原料，先将面粉加糖水、鸡蛋、花生油（为达到酥化效果，也可用猪油代替）揉成团，软化后，擀成 2 ~ 3 毫米的薄片，以圆形模具切出直径约 4 厘米的圆片（称为“角仔皮”）；将预先炒香的花生米轧碎，盛入瓦盆，加入炒熟的芝麻和白糖（按各人喜好适量调整三者比例），拌匀，作为馅料；以匙羹盛馅料放在角仔皮上，对折，以手指捏压封口成麻绳状，形成半月形半成品，摆放于竹筛；将捏好的角仔放入烧热的油锅中，以中火边炸边用竹筷搅拌，促其均匀炸至金黄色，迅速用笊篱捞起，沥干后即可食用。油角具有香、甜、脆（酥），有嚼劲等特点，寓意生活美满、丰润、甜蜜，是年节馈赠和招待亲友的佳品。

荸荠 又叫马蹄、马荠。石塘盛产的荸荠，皮薄肉厚，削去表皮，即可食用。荸荠可生吃，也可熟食，还可以加工成各种产品。其中，甜食罐头是招待来客和送礼的上好佳品，马荠粉是各种肉制品的主要配料。石塘荸荠以清、嫩、甜、爽口闻名，有清热降

油角（2017 年） 李竹莲 摄

荸荠（2016 年） 龙全明 摄

花生（2011 年） 龙全明 摄

灰水糍（2017 年） 龙全明 摄

糖环（2017 年） 龙全明 摄

石塘扣肉（2017 年） 龙全明 摄

火、生津解渴的功效。马蹄营养丰富，是男女老少皆宜的理想食品。春节期间，人们互相串门拜年，每到一户，主人都热情拿出自种的马蹄招待客人，客人兴致盎然地品尝嫩、甜的马蹄，分享劳动带来的喜悦，享受生活的甜美。

马蹄种植以晚造为宜，种前先将田块犁耙好，再施以大量的家栏肥，将花生苗踩入田里使其腐烂后，再将育好的马蹄秧移植田里。马蹄抗病能力强，可以免受农药的污染，种植四个半月后可收获。

花生 石塘村所产的花生，分为早造、晚造，即春花生和秋花生两种。立春后播种春花生，立秋后播种秋花生。石塘花生个大均匀，纹理清晰，籽粒饱满，多用于榨油和食用。秋花生用作种子。由于石塘的空气、土地、水源无污染，所产花生质量高，花生所榨油色泽金黄，质感纯净，气味郁香，口感好，是当地村民主要的食用油。

灰水糍 又叫鞋底糍，是石塘村的传统小吃。灰水糍存放时间较长，食时黏而不腻，爽而有韧性。制作灰水糍的主要原料是大米。制作时，先将大米用清水浸透后，捞起磨成米浆，再将米浆放于锅中加热煎熬，加入适量的硼砂、碱砂，熬成干糊，用手搓

炸蚝豉（2017 年）　龙全明　摄

糖醋咕噜肉　石塘镇　供稿

揉成鞋底状，再放入锅中蒸熟即可食用。如需久放，可用草木灰做成灰水，再将蒸熟的鞋底糍放入灰水中浸泡，需要时捞起煮食。

糖环　寓意生活甜美、万事如意、万福绵长，是村民家家户户必不可少的年货之一，香、甜、脆、可口，易于存放。主要原料是糯米、粳米、黄糖。糯米中还需加入适量的粳米（以三份糯米加入一份粳米为宜）。首先将米用清水浸泡一两小时后捞起滤干，碾成粉末（粉状）；将米粉倒入锅中加热翻炒至能用手抓成团时铲起，和入蒸化了的黄糖浆一起搓揉均匀；切糍团成条状，圈成环状后做成双线类圆形糖环坯；再将坯放入油锅中炸至金黄，捞起成品。制作糖环最关键的是炒粉时要掌握火候，既不能过久也不能不够时间，作糖环坯时不可沾上酒。

石塘扣肉　一般有香芋扣肉和梅菜扣肉两种，两者各有特色和风味。香芋扣肉以色泽金黄，入口不腻，化而清香见长；梅菜扣肉以色泽黛黑，入口酸香见长。石塘扣肉以带皮五花猪肉、香芋（梅菜）、辣椒、酱油、老抽、白糖（蜂蜜）、食盐、醋等为原料，经拔毛、焯水、戳皮、涂作料、油炸、切块、蒸、调味等多道工序制作而成。食用时，可根据不同口味调成辣、甜酸、清香等风味。

炸蚝豉　是石塘村另一道风味独特的美食，以新鲜生蚝、野生香菇、土鸡蛋、玉米粉、面粉、花生油、盐等食材，经油炸而成，里嫩外脆，香味宜人。

咕噜肉　也是石塘村一道常见油炸美食，以家猪中的五花肉、网状板脂、鸡蛋、生粉、生抽、姜、料酒、食盐等为食材，经洗、切、搅拌、调味、油炸等多道工序制作而成，以金黄、酥、化、香、不油、不肥、不腻为特色。随着人民生活水平的日益提高，食用时，可根据不同口味调制成不同风味，如菠萝咕噜肉、冰镇咕噜肉、番茄咕噜肉等。

◉ 生活习俗

常言道，一方水土养一方人。受生活沿袭和周边环境的影响，石塘村的衣食住行等生活习俗与当地客家习俗并无太大差别。

服装 古代石塘人也穿唐装。男人的唐装中间开钉布扣，长度到臀部，都为棉布；也有人穿长衫，长衫为左侧钉布扣，高领；裤子是宽裤头的，打个大褶，用绳等作裤带，穿裤时一绑一系即可。女人的唐装有点像旗袍，只是长度较短，多盖住臀部，抽腰。富裕人家穿绸缎，普通人家则以棉或麻布为多。旧时，村民的衣服新三年旧三年，缝缝补补又三年，不能穿了便用来裹婴儿或者纳鞋。

新中国成立后，着装习惯渐渐转变。男人穿中山装，热天穿文化衫。20 世纪 80 年代后，男人外出时多穿西装，女人多将唐装改为中间扣纽扣的男式衣装。进入 21 世纪，男女着装观念发生变化，着装根据各人不同性格、喜好而不再统一，穿出了个性。

饮食 改革开放前，饮茶以山楂树叶为主，俗语云“三皮二斤半”，意思是放三片山楂树叶，可煮两斤半水，这样煮出来的茶，淡红，清晰透明，入口甘香，经济消食，制作容易，贮藏方便，贫富皆宜。每到夏秋之际，人们到山上采摘山楂叶（那时几乎每座山上都有野生山楂树），将山楂叶用竹箩（篓）盛好存放在干爽阴凉处自然风干或晒

古村新秀（2011 年） 龙全明 摄

用粳米制作的白水糍（2017 年） 龙全明 摄

干，不需任何工艺制作，长年可饮用，简单方便。改革开放后，村民时兴饮茶，茶的品种也多，除从市场上购买茶叶外，也有人家自产茶叶供日常饮用。

主食以自产优质水稻为主，兼种植和食用其他杂粮，如番薯、芋头、木薯、高粱、玉米、淮山、马铃薯、大豆等。

居住 封建社会时期，女人的生活是受禁锢的，如不准外出，不准看戏，不准在外和男人交谈，所以，建造房屋时也要据此考虑而设计。最典型的大户人家将大门开在侧，进门是裂廊阁，左转是大厅。行人路过只能看到门内的裂廊阁，看不到厅内。大厅又宽又高，大厅外开有天井，天井前有照壁，照壁上有雕花。天井左侧为厨房，大厅两侧是卧房，房间一般只有2米多宽。因为窗户小，窗离地2米多高，光线较弱，行人路过时看不到房内。房内多阴湿。男人在外劳作，女人在家料理家务，所以有男主外、女主内之说。新中国成立后，随着社会、人们思想观念的进步和生活水平日益提高，村民们的居住环境得到了颠覆性的改善，楼房庭院，通风透光，干爽舒适，各有特色。

出行 古时，人们出行，或外出做生意，或探亲访友，都要“看日子”，有避忌讳的习惯。初一、十五日是忌日，一般不出行，不去探亲访友。如果不会“看日子”的人要出行，可选择初二、初九、十二日、十六日、十九日、二十六日、二十九日等，逢三、四、七、八的日子都不选择外出访友探亲。20世纪90年代后，随着时代进步，通信发达，交通便利，人们出行已摒弃陋习，以电话、短信、QQ或微信邀约好友、至亲外出走访、远游。

居住环境日益在改善的石塘古村（2017年）
龙全明　摄

用品 从用途方面分，石塘村的用品主要有生活用品和农耕生产用品两大类。从材质用料方面分，有竹制品、木制品和其他制品。其中，竹制品有菜篮、糍篓、摇篮、粮筛、簸箕、筲箕、架笼、茶筒、客箩、扁篓、鱼篓、谷箩、鸡笼、竹笠、竹床、竹椅、竹榻、竹席、竹碗、竹勺、竹衣叉、竹稿、竹垫、竹桌、四眼筛等。二十世纪八九十年代以后，多用塑料、不锈钢等制品。木制品有脸盆、脸盆架、水桶、脚盆、木勺、床、桌椅、橱柜等。此

村里老人在编织[illegible]POS箕（2013 年）

龙全明　摄

木制饭甑（2017 年）

李竹莲　摄

外，还有井桶、铁桶、尿桶、犁、耙、碌轴、碗柜、高柜、刀鞘、谷耙、扫把、猪槽、秧船、风车、水车、石磨、砻、碓、臼等。

◉ 节令习俗

春节　俗称“过年”，是一年中最盛大的节日。石塘村的春节是从腊月二十四日到次年正月十五日。

腊月二十四日是小年。是日，家家户户大扫除，开始准备年果年货。晚上杀鸡庆贺，以鸡头鸡尾供奉灶神，鸡腿给孩子吃，寓意孩子健康、茁壮成长。

除夕（腊月三十、小月二十九），全家团聚，洒扫庭院，备办酒席，陈设供奉，挂新灯，贴春联年画。入夜灯烛辉煌，爆竹连声，全家共进团圆饭。晚上“守岁”，给小孩发“压岁钱”，敲锣打鼓，鸣放鞭炮烟花，大家尽情欢乐至深夜。子时，是“一夜连双岁，三更分两年”的新年伊始，家家户户燃放鞭炮，震天动地，寓意驱逐旧岁疫病之鬼，迎接无病无灾新年。

正月初一，人人穿上新衣、新鞋，到宗祠里上香祭拜祖宗。晚辈向长辈拜年，长者赠送幼者红包，以示吉利。人们相见，拱手互贺新禧，说吉利话。随着信息时代的高速发展，人们时兴用短信、QQ、视频、微信等方式拜年。初二始，人们走亲访友，相互恭福。

石塘村会举行舞瑞狮、装故事等活动，热闹非凡。改革开放后，村里会在节前召集军烈属座谈表示慰问，村委会成员在正月初一、初二向参加过大革命时期、土地革命时期、抗日战争时期、解放战争时期和抗美援朝战争时期的革命老同志和离退休干部拜年，共同欢度春节。

元宵节 即上元节，也叫灯节。相传两千多年前，汉文帝把正月十五日改为元宵节，当时并无放灯习俗。东汉明帝时，为提倡佛教，敕令元宵节点灯，以示对佛教崇敬，是为放灯起源。

元宵节晚上，家家户户张灯结彩，置办美酒佳肴，吃汤圆。石塘农村的青壮年男女击鼓鸣锣，扮演故事或舞龙舞狮，在街上游行。元宵节后，走亲访友的人少了，大家逐步转向正常工作。俗话讲："火烧门神纸，大人做生意，细人（小孩）捡猪屎。"

清明节 含节气和节日两层意思。时值阳春，气温升高，雨量增多，正是春耕春种的大好季节，为中国农事二十四节气之一。

新中国成立前，清明前后，人们从事春祭活动，扫墓，凭吊先人，做艾糍，晚上加菜。大家族还会举行祭祖活动，由族长出资或摊派富户匀出资金，召集族人祭扫祖坟，共聚午餐，以显示其财力，维护其威望，俗称"食清明"。新中国成立后，各机关、学校、群众团体在清明节到双峰寨敬献花圈，燃放鞭炮，祭扫烈士陵墓，追悼忠魂，成为对后代进行革命传统教育的好时机。

端午节 农历五月初五也叫端阳节，又称"五月节"，是怀念战国时期伟大的爱国诗人屈原的节日。是日，各家折蒲艾插于门楣，燃点香烛，洒雄黄酒，以示驱邪避"五毒"（蛇、蝎、蜈蚣、壁虎、蟾蜍）。石塘村民素有吃粽糍的习俗，亲戚乡邻互送角粽。据传，端午节所采的草药药性很好，因此这天有很多人去村外山地、田边采药、艾叶、菖蒲等，用艾水洗澡，或到江河里游泳，寓意洗去身上的晦气，以使今后身心健康、灵巧聪慧。

春节舞狮（2013 年）
龙全明 摄

古村孩童在屋前玩耍（2017 年）
龙全明 摄

舞火龙（2011 年）
龙全明 摄

艾糍（2017 年）　　李竹莲　摄

蕉叶糍（2017 年）　　谢嘉文　摄

月姐坛（2008 年）　　龙全明　摄

中秋节　节日气氛特别浓厚，每家每户采买月饼用以家人吃完中秋团圆饭后品尝和作为节日礼品馈赠亲友。入夜，户户设供桌，陈月饼及时令瓜果，对月敬香，以月之明晦占来年元宵之阴晴，有“云遮中秋月，雨洒元宵灯”之谣。石塘盛行唱月姐歌。

新中国成立后，中秋节仍盛行以月饼作为节日必需品，互送月饼水果，设置家宴、唱月姐歌及夜晚赏月等。

冬至　俗称“过冬”，有“冬至大过年”的说法。是日，村民设置家宴，宰杀鸡鸭，做糍、蒸酒、磨豆腐，祭天祭祖。石塘村在这一天除了用上好糯米蒸制“冬至酒”外，还有“腊冬至肉”的习俗。因所制的酒、肉色黄味香，便于久贮，流传至今。

◉ 婚丧习俗

嫁娶　新中国成立前，石塘村民的婚姻多为循旧俗“父母之命，媒妁之言”的包办婚姻，同时程序非常烦冗，一般以门当户对为主，也有凭财物多寡的买卖婚姻，流行早婚。

订婚，通常由男方托媒到女方说合。如女方同意，则把女方的“生辰八字”开给男

冬至腊肉（2011 年）　　龙全明　摄

方，并请人合算，认为相合时，便由媒人去传话。是时，女方即将彩礼和酒肉数量列给对方，经双方同意，婚事算定下来。

行聘，俗称“过礼”。日期由男方决定，是日，男方家将聘金（彩礼）、鸡、鸭、鹅、酒、饼和部分猪肉连同“子孙埕”等礼品派人随媒人送到女方家。女方家宴请客人，领取鸡、鹅，回送男方家礼帽、布鞋、纸扇、书籍等物，以示赏郎。

迎亲日期亦由男方选择吉日。选定吉日后，男方家提前半月或一个月用字帖邀请宾客。成亲当日，男婚女嫁，大摆筵席，锣鼓喧天，热闹非凡。女儿出嫁时，亲友前去送嫁，皆以钱物相赠。男方家在婚前做好一切准备，即请定吹鼓手、花轿，贴好轿对、婚联，办好酒席。迎亲之晨，新郎家委派长嫂、婶娘做“带亲”人伴随吹鼓手、花轿及搬运嫁妆的亲友，携带“带亲”鸡和猪肉到女方家迎亲。出亲时，新娘头盖花巾，身穿红色嫁衣由其兄弟从家里背出，扶上花轿。送嫁迎亲一行数十人，一路吹吹打打，热热闹闹到男方家。抵家时，鸣放鞭炮，由伴娘扶新娘下轿进入洞房。随后点燃花烛，新郎身穿长衫，头戴礼帽，和新娘齐拜天地、父母（祖父母、父母），对拜。新娘对上辈长者以奉茶行礼，凡受礼者皆赏以红包，并说些祝福语。吃饭时，新郎、新娘至席间向宾客

古村迎亲（2011 年）　　龙全明　摄

古村喜联（2017 年）　　龙全明　摄

敬酒，客人当即赏送红包，谓之“劝酒”。洞房之夜惯闹新房（石塘人叫扛茶），贺客好嬉闹，不论尊卑，均可参加，逗弄新人互吃“和气果”，玩“夹泥鳅”“猜谜语”游戏等，如达不到要求，罚新人饮酒或唱歌，如此戏谑到深夜，颇有谐趣。

翌日，新娘偕新郎回娘家，谓之“归宁”，俗称“回门”。娘家人摆筵席招待来贺客人。新婚夫妇参加娘家宴请后，不论远近，须返回郎家。当地嫁娶礼节，大致如此，外地迁入定居者，多入乡随俗，遵循当地礼仪。

新中国成立后，颁布了《中华人民共和国婚姻法》，实行男女婚姻自由，一夫一妻。结婚时，男女双方到当地政府部门办理登记手续，领取结婚证。

20 世纪 60 年代至 70 年代初期，婚礼从简，新娘不坐花轿，聘金一般不多，酒席也简单。公职人员多实行婚事新办简办，举行集体婚礼或联欢晚会（以糖果招待来客，也有旅行结婚）。20 世纪 90 年代后，人民生活水平逐步提高，婚礼讲究排场，迎娶时多用小轿车接送，酒宴丰盛，宴请的宗亲宾朋少则二三十桌，多则几十席。

丧葬　老人弥留之际，子孙跪在老人榻前送终。接着，长子、长孙到水沟打水（俗称“买水”）给死者沐浴，即在死者胸前象征性抹三下，谓之“抹身”，然后为死者穿上寿衣、鞋袜，男的还要戴帽，并立即哀告家中父老和壮年男子将遗体抬至宗祠停放（在外地死亡者不得放入村内，更不能放入宗祠）。有棺木的一般在当晚放入棺内，谓之“入殓”。但棺盖不能盖实密封，待亲人、外家亲临看过才合棺封盖。之后，即派人哀告其家族和亲戚，俗称“奔丧”。

最迟在次日，主家会派人通知外家和亲人前来瞻仰遗体，表示告别。如发现不是正常死亡或对装殓不够满意，外家有权干涉。

亲人去世当晚，村里和邻村的人都不约而同地前来，以示慰问，俗称“坐夜”。族长、至亲者一般还会和孝子们商量安葬事宜，写出“壁单”安排族人分工处理丧务。

安葬前，亲戚朋友多备香烛、挽幛（主家祭轴）、奠仪、三牲等祭品前来吊唁，谓之“吊丧”。死者家属需披麻戴孝，坐守孝堂，雇请道士设道场超度亡灵，请礼生书写讣闻，举行祭奠仪式。富有人家还请和尚念经、做斋，请礼生点主，摆路条，持续几天几夜。安葬这天，主家摆设路祭，亲人、外戚做“讣闻”在柩前奠祭后，孝子随后，边奏哀乐边放鞭炮，将灵柩送往墓地安葬。从葬后的第三天开始，每隔七天，其亲属到墓地祭拜一次，共祭拜七次，曰“吊七”，厅堂上灵牌要供百天。

新中国成立后，葬礼从简，破除旧习。1998 年后，提倡火化，丧事从简。

◉ 喜庆习俗

出生 孕妇阵痛，孩子即将出生时，家人会亲请接生婆至家中，备以热水等产前用品。出生时，接生婆会用艾灰敷新生儿肚脐以遮风防风。孩子出生后，家人会秉烛持香禀告灶君和到宗祠敬告先祖。同时，杀鸡炖汤，炒蛋煮酒给产妇食用。如今，孕妇生产时，家人会陪同送往医院至婴儿出生、出院。

满月 孩子出生后，需在满月之时设宴邀请亲戚到家庆贺，谓之“做姜酒”。旧时，妻子初胎，如是男婴，则以酒肉、香烛到外家（娘家）报喜，称之为“报姜酒”。尔后，外家以鸡、蛋、糖、饼等礼物多次前来看望产妇和婴儿。“做姜酒”之时，外家除给上述礼品外还送棉裙、背带、童服、童帽等物，同时送回“子孙埕”。是日，其他亲友也送礼物前来道贺，主家设宴盛情款待客人。“姜酒”与其他喜宴不同，多请女客，娘家的长辈坐首席。除设宴外，还饮鸡汤、炒酒等，宴后以红鸡蛋、散饭（即红糯米饭油炸品）等回谢客人。改革开放后，人们的观念发生了变化，生男生女都一样。

周岁 孩子满一周岁时，家人齐聚置办家宴以示庆祝。是日，家中长辈会以钱币、算盘、首饰、书籍等物让孩子抓，以抓中物预兆孩子未来前程。此外，家人会赏金镯、银镯和红包给孩子，并说些祝福语，希冀孩子健康、平安、快乐长大。

寿诞 也称“做生日”“过生日”。石塘素有男做“齐头”、女做“出一”的祝

古村人家（2011 年）

龙全明 摄

古村街巷玩耍的孩童（2011 年）

龙全明 摄

古巷小球员（2010 年）

龙全明 摄

寿习惯。做大生日，一般男性 50 岁以上、女性 51 岁以上开始做生日，每隔十年做一次大生日，愈老愈隆重。贫者做大生日较简，只宴请亲人，不接待贺客。子女多而富有者，大办宴席举行寿庆，有的还请吹鼓手助兴。通常做“大生日”时，亲友多以寿烛、寿幛、衣服、鞋帽、寿饼等礼品庆贺。是日，晚辈亲友向寿者参拜祝寿，谓之“拜寿”。

入伙 即迁新居。新建房屋落成后，择吉日举柴火入灶迁入，俗称“进火”，也称“入伙”。是日，新居主人设酒席宴请宾客，来宾携带新家具、酒肉、红包、鞭炮等恭贺，以示乔迁之喜。

尝新 俗称“洗禾镰”，为庆贺丰收之喜。石塘素有尝新的习俗。每年早稻收割开始，家家户户都煮新稻米饭，备办酒菜，喜放爆竹，以庆丰收，谓之“尝新”。秋收完毕，各户皆清洗农具，收藏保管家中。同时，也会置办酒菜，鸣放鞭炮，以庆全年丰收，禀告一年耕作结束，谓之“洗禾镰”。

◉ 方言俚语

方言 石塘方言属于客家话语系仁化客家话中的塞麻话语种，是石塘镇最具代表性的一种地方语言。这种语言主要分布在石塘村及水历、历林、厚里、猴子坪、小河塘等自然村。与外地人交流时，根据不同地区的人多使用普通话、粤语、仁化客家话。官方用语则统一使用普通话。

欢笑的古村老人（2011 年）　　龙全明　摄

村民参加娱乐活动（2017 年）　　龙全明　摄

石塘方言与普通话基本词汇对照一览表

表 11

自然			
普通话	石塘方言	普通话	石塘方言
太阳	日头	下雨	落水
月亮	月光光	雪化了	融雪
小雪	米仔雪	雹	落冰雹
大雪	棉被雪	虹	天狗
打雷	响雷公	雾	濛沙
时间			
普通话	石塘方言	普通话	石塘方言
中午	下昼	明天	明日
白天	日带	去年	旧年
晚上	暗布	端午节	五月节
黄昏	日头落山	春节	年初一
今天	今日	除夕	三十日暗布
房屋			
普通话	石塘方言	普通话	石塘方言
房子	屋	厕所	粪寮
厅堂	厅下	烟囱	烟通
厨房	灶下	窗户	皓栓

续表 11

食用			
普通话	**石塘方言**	**普通话**	**石塘方言**
早饭	食饭	煤油	水火油
中午饭	食上昼	肥皂	番碱
晚饭	食暗布	扫帚	扫
白酒	米酒	竹扫	直杆
糯米酒	黄酒	抽屉	柜箱
凉水	冻水	汤匙	条河
热水	滚水	水杓	杓
开水	开心水	钥匙	锁匙
煤炭	炭	—	—
动物			
普通话	**石塘方言**	**普通话**	**石塘方言**
猫头鹰	猫眉头	蜈蚣	雷公蛇
麻雀	禾雀仔	蚯蚓	船公
狼	狼狗	蜘蛛	罗壳
蚂蚁	引公仔	老鹰	崖婆
蜥蜴	四脚蛇	蝙蝠	飞鼠
苍蝇	毛蝇	鳖	团鱼
蜻蜓	老蚂	—	—
植物			
普通话	**石塘方言**	**普通话**	**石塘方言**
水稻	禾	豌豆	雪豆
小麦	麦	高粱	高萝
玉米	包粟	大蒜	蒜
黄瓜	勒瓜	荸荠	麻荠
南瓜	番菩	豆薯	番鬼薯
称谓			
普通话	**石塘方言**	**普通话**	**石塘方言**
父亲	阿爸	儿媳妇	新布
母亲	亚喂	岳父	丈人佬
伯父	伯伯	岳母	丈人婆

续表 11

称谓			
普通话	**石塘方言**	**普通话**	**石塘方言**
叔父	阿叔	丈夫	佬
祖父	阿公	妻子	夫娘
祖母	阿布	女婿	郎
外祖父	低公	大姑母	大姑
外祖母	低布	小姑母	阿娘
舅父	舅爷	姑父	姑爷
舅母	舅娘	哥哥	阿哥
伯母	阿姐	姐姐	阿姊
婶母	阿婶	弟弟	老弟
儿子	仔	妯娌	子嫂
女儿	女	乞丐	叫花擂
人体与疾病			
普通话	**石塘方言**	**普通话**	**石塘方言**
脸	面巴	头	头脑壳
额	脑门	癫痫	洋吊
嘴	嘴管	肝腹水	黄肿大肚
鼻子	鼻头	疟疾	打摆子
膝盖	膝头股	—	—
方位			
普通话	**石塘方言**	**普通话**	**石塘方言**
上面	上带	外面	义局
下面	下带	旁边	侧边
里面	顶顶	—	—
行为、动作			
普通话	**石塘方言**	**普通话**	**石塘方言**
吃饭	食饭	亏本	蚀本
喝茶	饮茶	去上学	去过书房
洗澡	洗身	理发	剃头
谈话	讲事	开始	开头
相遇	撞倒	结束	刹装
遗失	跌拉	盼望	好想
选择	拣	—	—

续表 11

行为、动作			
普通话	**石塘方言**	**普通话**	**石塘方言**
整理	检	看	望
休息	歇刻正	走	行
睡觉	困觉	跑	尽走
摔跤	跌跤	舔	细
赶集	下街	挑	担
打瞌睡	打眼睬	焙	分
打冷战	打冷颤	压	盖
不作声	唔作声	死了	过身
撒谎	花舌	去哪里	鞋腊哩
妒忌	眼前	去干啥	鞋做什买呢
受惊	吓惊	在这里	在卡呢
麻烦	难为	—	—

性质状态			
普通话	**石塘方言**	**普通话**	**石塘方言**
稀	疏	合适	岩线
稠	缺	干净	零俐
晚	晏	邋遢	脏腑
小	细	神气	架势
勤	勤辛	舒服	叶贴
腻	腻人	讨厌	切
黑	乌	—	—

指代			
普通话	**石塘方言**	**普通话**	**石塘方言**
我	涯	那个	许个
他	佢	在这里	在个哩
他们	佢来	在哪里	在许里
这个	个个	—	—

续表 11

指代			
普通话	石塘方言	普通话	石塘方言
什么	什嘛	谁	哪个
什么人	什嘛人	怎样	朗你
什么事	什嘛事	—	—
单位			
普通话	石塘方言	普通话	石塘方言
根	条	斤	根
只	个	—	—
副词			
普通话	石塘方言	普通话	石塘方言
很	好	不	唔
幸亏	好得	没	冇
刚刚	匡时哩	非常、十分、特别	好

俚语 又称“里语”“俚言”，是劳动人民在日常生活和生产中产生出来的一种地域性民间非正式、口语化的词句，多采用隐喻、明喻、民间词源、语音改变、语义扩大、缩小语义、截短法、缩略词、褒义化、贬义化、转喻、提喻、夸张、外来语及为防禁忌而使用委婉（特殊）说法等，通常用在非正式的场合，具有一定的方言性、指代性。石塘村俚语的形成有其自身的历史和流行的原因，由本义和引申义两部分组成。本义专用石塘话（塞麻话）表达，表现形式类似于歇后语。表达时可只说本义，也可本义、引申义一起说。语言丰富、谐趣，雅俗兼备，形象生动，寓意耐人寻味。如：

拆八角楼有余——绰绰有余

夏至鹿一头耸——得意忘形

呕屎——说谎话

打惊的鹿——惊慌失措

吃萝卜屙水——办事不成功

敦胖刮痧有上有下——有来有往

守山——人不在了

拉柴——人不在了

爱读书的古村少年（2011 年）
龙全明　摄

坐在门墩的古村孩童（2011 年）　龙全明　摄

写保票——成功有保障

历林人买秋鱼——倒打一耙

火烧鸡倒找——血本无归

谚语

谚语是熟语的一种。石塘村谚语是流传于石塘村民间的比较简练而且言简意赅的话语，是历代村民的生活实践经验，多数经过口头流传下来，是民众的丰富智慧和普遍经验的规律性总结。多是口语形式的通俗易懂的短句或韵语，其反映的内容涉及社会生活的各个方面。从内容上来分，主要有气象谚语、农事谚语、生活谚语三大类。

气象谚语

春天吾带笠，洒得眼睩睩。

春无三日晴，冬无三日落（雨）。

春暖春晴，冬暖冬落（雨）。

春天寡婆天，一日三时变。

两春夹一冬，老牛难过冬。

芒种芒头脱，夏至水推秧（大雨）。

谷雨立夏，七日八夜，（大雨）小满江河满。

清明晴，蓑衣笠帽唔得闲；清明落，蓑衣笠帽一角落。

谷雨无雨，犁耙吊起。

晚霞映古村（2010 年）　　龙全明　摄

雷打惊蛰节，湴田都爆裂。

蜻蜓成群飞低空，不是水来就是风。

十月无霜，碓坑无糠。

今日蚊子恶，明日有水落。

雷打冬，十个牛栏九个空。

清早打冷露，上午热脱裤。

初三初四娥眉目，十五十六两头光。

久晴西风雨，久雨西风晴。

西风一包药，东风一包虫。

雷公先唱歌，有水无几多。

蚂蚁牵线，大雨眼前。

久晴逢庚落，久落逢庚晴。

立春不到雷就鸣，阴阴暗暗到清明。

三月枇杷四月李，五月毛桃担不起。

芒种夏至，有食懒做。

不到五月节，棉被不入笼。

七月半，稔子乌一半；八月中秋，稔子乌溜溜；九月重阳，稔子甜过糖；十月凋，稔子做柴烧。

七月秋风起，八月秋风凉。

重阳有水望十三,十三有水一冬干。

寒露三朝，过水寻桥。

十月没有霜，碓头没有糠。

农事谚语

一造早，三造好；十年早，九年好。

落生（花生）种到四月八，你挖我又挖。

穷人不信富人哄，不到清明不下种。

莳田水养根，耘田水养心。

肥禾不如肥秧，肥仔不如肥娘。

清明种芋，谷雨种姜。

三分种，七分管。

早禾难出，大禾难黄。

小暑小割，大暑大割。

霜降齐黄。

立冬不割禾，一夜少一箩。

村民清除井池杂草（2013 年） 龙全明 摄

望冬不望年，望年就下田。

有收无收在于水，收多收少在于肥。

秧好半年禾。

种瓜得瓜，种豆得豆。

十月凋，牛牯满田飙（跑）。

播前把种晒，浸后发芽快。

耕田不补禾，收割少一箩。

养猪养牛没有巧，就要栏杆肚子饱。

生活谚语

一粒老鼠屎，坏了一缸油。

立夏不做糍，颈筋吊颈皮。

二十七八，三刨二刮（指 12 月剃头）。

少食多滋味，油多不坏菜。

人似铁，饭似钢，一餐不食饿得慌。

细火煲肉，大火煲粥。

别人的龙床，不如自己的狗窝。

古村老人打井水（2010 年）　　龙全明　摄

不怕补丁衫，只要穿得净。

远亲不如近邻。

食狗不食爪，当得无食到。

有钱难买天光觉。

新开屎坑三日旺。

多子多女多冤家。

人情还人情，数目要分明。

人情好，吃水甜。

人情紧过债。

狗肉好食名声丑，鼠肉好食不得到手。

天上鸟仔肉，地下老鼠肉。

蒸酒磨豆腐，不敢称师傅。

富人靠读书，穷人靠养猪。

命长才能食得饭多。

欺山莫欺水。

从小爱劳动的古村孩童（2011年）　龙全明　摄

出门耕种的古村村民（2010 年） 龙全明 摄

茶满欺人，酒满敬人。

多衣多寒。

俭食得食，俭穿得穿。

功夫做不坏人。

功夫不负有心人。

老鼠不留隔夜粮。

养子不读书，不当养条猪。

求人不如求己。

三分人品，七分打扮。

食不穷，穿不穷，不会打算一世穷。

久病床前无孝子。

细时有人欺，老了有人嫌，中年后生无几年。

早起三朝当一工。

有借有还千百转，有借无还只一回。

有借有还，再借不难。

无债一身松。

养儿防老，积谷防饥。

大食大饮，坐食山崩。

讲口没有好声，打架没有好拳。

众牛瘦，众屋漏。

天上有钱落，也要起早床（捡）。

不怕不富，只怕不做。

大花大用，金山也空。

禾怕寒露风，人怕老来穷。

糯米煮粥，各人中意。

生意钱，一阵烟；耕田钱，万万年。

不当家，不晓得柴米油盐贵。

清早好大雾，放心洗衣裤。

床头教妻，桌上教子。

为老不尊，教坏子孙。

艺文杂记

秉承“耕读传家，经史名世”的石塘人，历来注重以严谨、规矩的祖训家风育化后辈。在数百年风风雨雨中，石塘人撷取生产和生活中的感悟，以音乐楹联、砖雕木刻、民间传说等形式流传于世。这其中，有“三字经”式的《李氏家规》、告诫后人的《李氏家训》、寓意深刻的楹联、精美的雕刻、极富传奇色彩的故事。

贻德堂内的家规家训（2017 年）　　龙全明　摄

◉ 艺文

在历经几百年风雨过程中，石塘村像一本无言的书，寄托着古人的价值观念和人生憧憬。它的一窗一棂、一门一户、一砖一瓦、一梁一柱都凝聚着隽永的人生智慧、丰富的文化内涵和生动的故事。这其中，有“耕读传家，经史名世”的祖训家风，有“义为路，礼作门，步步上达；诗理情，书道政，念念和平”的精美楹联碑刻，有委婉独特的诗词音乐，有“石塘建宗祠选址”的民间传说及李珏等名人轶事。

家规家训

家规　石塘村家家户户形成一种家风严谨，家规严格，家训严厉的风尚。也正因如此，石塘人自古以来忠厚淳朴，勤劳善良，知情达理，和睦团结，与人友善，忠肝烈胆，识大体，顾大局。如《李氏家规》：

贻德堂内的李氏家规（2017 年）　　龙全明　摄

贻德堂内的李氏家训（2017 年）　　龙全明　摄

敬祖宗，敦孝悌；睦宗族，端伦常；
友昆仲，和夫妇；教子孙，尚勤俭；
恤孤寡，戒唆讼；安生理，勿非为；
忌毒染，慎嫁娶；勉诵读，重交游；
谨丧祭，远酗酒；出异教，省自身。

家训　石塘村《李氏家训》：

凡李子孙，父慈子孝，兄友弟恭，夫正妇顺，内外有别，尊幼有序，礼义廉耻，兼修四维。士农工商，各守一业。气必正，心必厚，事必公，用必俭，学必勤，动必端，言必谨。事君必忠吁，居官必廉慎，乡里必和平。人非善不交，物非义不取；毋富而骄，毋贫而滥，毋信妇言伤骨肉，毋信人过长薄风，毋嫉贤妒能，伤人害物；毋出入公府，营私召怨。毋奸盗谲诈，饮博斗讼。毋满盈不戒，微妙不谨；毋坏名丧节，灾己辱先。善者嘉之。贫难，死丧，疾病周恤之，不善者劝诲之，不改与众弃之。不许入祠，以供锦诗礼仁厚之泽。敬之，戒之，勿忽！

楹联

石塘村各分支宗族一般都会在宗祠大门、圆柱、神龛凿刻秉承祖训家风的对联以时时警醒、告诫后代子孙。这些楹联通俗易懂，对仗工整，寓意深刻。但因历史原因，部分楹联已毁，今存楹联主要分布在梨树下、大园、高门槛等。

贻德堂厅联　贻德堂内楹联是石塘村保存最为完好的木刻对联，共 4 幅。宗祠门口石柱联为贡生县长李汝梅撰于宣统二年（1910），阳刻于葫芦签状木板上，联高 4 米，宽 0.3 米。联文为：

画栋启云霞伫看鸟革翚飞济济衣冠绵百代；

歌台光阆阈倏聆凤仪兽舞洋洋箫管祝千秋。

天井后石柱联为举人李上凤撰于乾隆十七年（1752），阳刻于葫芦签状木板上，联高 3.5 米，宽 0.3 米。联文为：

秀出青莲百代辞源称尔雅；

光生函谷万年尉气起人伦。

天井后石柱联为举人李上凤撰于乾隆十七年（1752），阳刻于葫芦签状木板上，联高 3.5 米，宽 0.3 米。联文为：

根生陇西远祖盛唐帝业传后世；

枝繁闽越子孙蕃衍兆众冠中州。

贻德堂门口联（2017 年）龙全明　摄

贻德堂厅柱联（2017 年）龙全明　摄

贻德堂厅柱联（2017 年）龙全明　摄

神龛两侧石柱联为仁化县知事李占春所撰，上款“民国二十三年（1934）菊月吉日重修”，落款“前署仁化县知事李占春敬书”，行楷阴刻石柱上，联高 1.6 米，宽 0.3 米。联文为：

兄道北弟道南左昭右穆；

祖行三孙行十九泉一塘。

贻德堂神龛联（2017 年）龙全明　摄

昭轩屋厅对联（2017 年）龙全明　摄

梨树下昭轩屋厅圆柱上楹联　撰于清代，楷书，阳刻于厅内神龛两侧圆柱正面，联高 3.2 米，宽 0.35 米。联文为：

志欲光前维是诗书教子；

心存裕后莫如勤俭持家。

梨树下昭轩屋厅联　该联原刻于梨树下昭轩屋厅内木板上，已毁。联文为：

祖德耀千秋孝友仁义；

孙谋以百代诗书礼乐。

高门槛前门联　该联原刻于高门槛前门，因高门槛建于街中间，“文化大革命”期间被毁。联文为：

义为路礼作门步步上达；

诗理情书道政念念和平。

高门槛后门联　该联原刻于高门槛后门，因高门槛建于街中间，“文化大革命”期间被毁。联文为：

诵诗读书保存国粹；

耕礼种义蔚气人伦。

和衷继述堂神龛对联　该联原刻于梨树下昭玄屋厅内木板上，1967 年被毁。联文为：

爱礼存羊勤继述；

按图索骥本大才。

碑刻

石塘村虽然历史文化底蕴深厚，却因人们缺乏历史文物保护意识和历史上多次的战

双峰寨保安门碑刻（2011 年）　　龙全明　摄

三多堂神龛牌位碑刻（2009 年）　　龙全明　摄

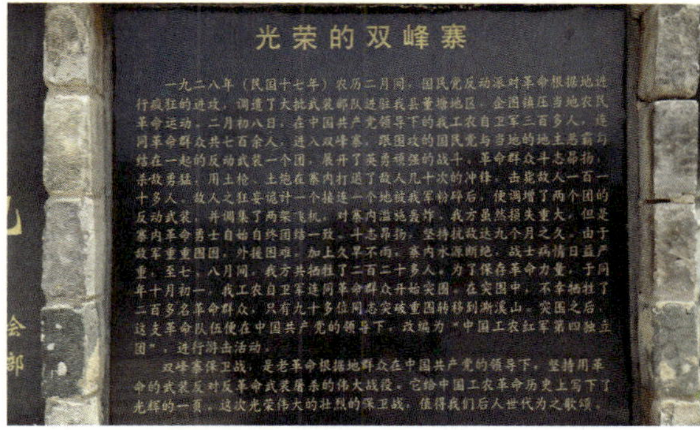

《光荣的双峰寨》碑刻（2017 年）　　龙全明　摄

石塘革命烈士英名录（2017 年）　龙全明　摄

火兵燹焚毁，以致现存碑刻寥寥无几，加之因匮乏实物和史料记载，本分目仅列举一二。实为憾。

碑记　碑记主要是宗祠神龛上凿刻的历代先祖牌位，村内没有古老的碑记。1964 年，当地政府将烈士纪念碑迁到现址，1991 年翻新重修后有凿刻的碑文。

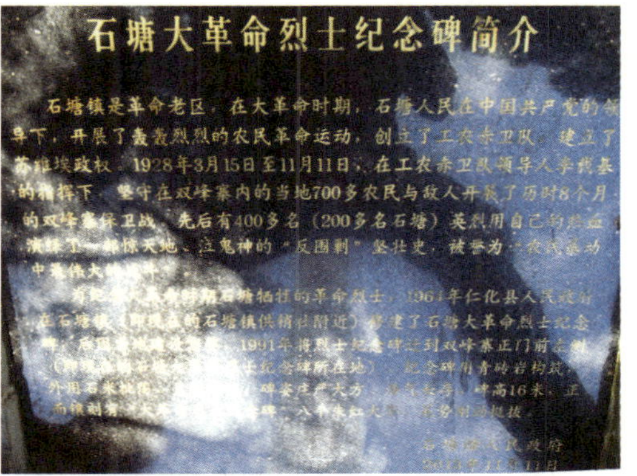

石塘大革命烈士纪念碑简介（2017 年）　龙全明　摄

石刻、木刻、砖塑　除双峰寨二重门上的"保安门"石刻外，唯有个别宗祠翘檐、照壁、墙体上还保存着一些木刻、砖雕、泥塑。这些木刻、砖雕、泥塑多以花鸟虫鱼为主体，造型优美，凹凸有致，色彩古朴厚重，手法写实中透出丰富大胆的想象，传承了传统道、释、儒家思想，融入了古典神话与美学元素，图案精美，工艺娴熟。这些木刻、砖雕、泥塑等实物亦可堪称是传统艺术中的一朵奇葩。

照壁上的砖塑“高明”（2009 年）　龙全明　摄

砖塑（2009 年）　龙全明　摄

石塘村中精美的翘檐雕塑（2011 年）　龙全明　摄

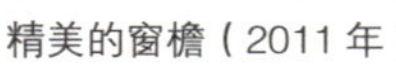

精美的窗檐（2011 年）　龙全明　摄

精美的门棂（2017 年）　龙全明　摄

石塘村中精美的木刻（2011 年） 龙全明 摄

昭轩屋内神龛两侧的镂空雕窗右（2017 年）
龙全明 摄

昭轩屋内神龛两侧的镂空雕窗左（2017 年）
龙全明 摄

题诗题词　1963 年 5 月，革命老前辈古大存题诗一首《留赠石塘公社诸同志》：

镰斧先锋莅广东，
犁头飞舞大旗红。
石塘故垒雄姿在，
烈士丰碑世代崇。
千里云山联斗志，
廿年天地换东风。
欣看滴滴群英起，
要竟前人未竟功。

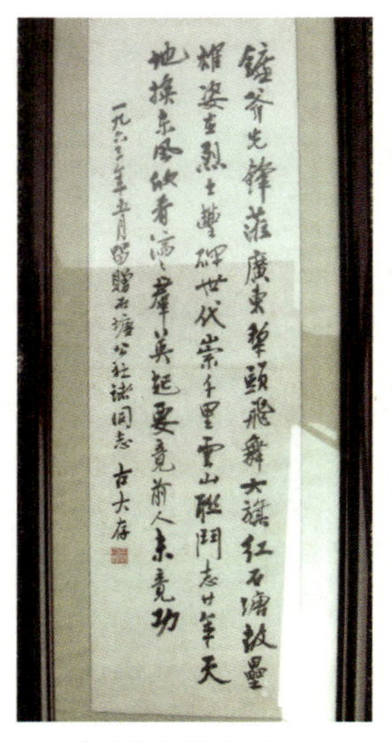

古大存题诗（2014 年）
刘小东　摄

2000 年 6 月，广东省人民政府文史研究馆馆员、著名画家蔡景星游览双峰寨时，即兴作诗一首，由陈景舒书写题赠：

一舜韶光百载中，
危然古堡访双峰。
瞻前细认先驱血，
开遍山花点点红。

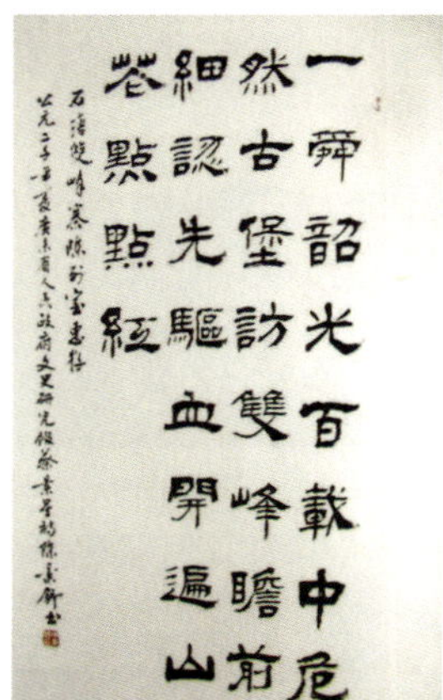

蔡景星诗陈景舒书（2017 年）　谢嘉文　摄

2000 年 6 月，广东省文史研究馆馆员吕器为双峰寨题词，由吴俊明书写：

犹闻故垒炮声急，
欣看群贤斗志昂。

2000 年 6 月，广东省人民政府文史研究馆馆员、广州市书法家协会副主席龙志航为双峰寨题字：

铁骨高风。

2002 年 9 月 27 日，中共中央党史研究室常务副主任石仲泉一行，在省、市、县有关部门领导陪同下到双峰寨等地进行调研。在双峰寨，石仲泉提笔题字：

革命旧址双峰寨，
文化遗产石塘村。

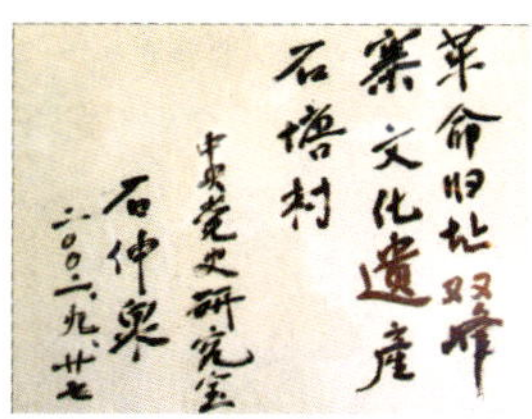

石仲泉题字
仁化县史志办公室　供稿

2002 年 11 月 12 日，由老红军梁绮、林榆率领参加过抗日战争、解放战争及解放初期参军的莫广智、叶惠斌、胡荣、张志晖、张福光、张玉茵等一行十二人到双峰寨接受革命传统教育。中国作家协会广东分会原副主席、著名诗人韦丘随同到双峰寨采风并题字：

血雨腥风谱壮烈，
千秋教育后来人。

陈昊苏题词（2014 年）
刘小东 摄

2012 年 12 月 20 日，陈毅元帅之子、北京市原副市长、中国人民对外友好协会原会长陈昊苏仔细聆听了双峰寨保卫战斗争史后，于翌日欣然题字：

双峰保障，
粤北奇观。

同时，陈昊苏还写了三首诗，深情歌颂这片红色的土地：

一行粤北探繁荣，
放眼岭南盛业隆。
韶乐关雄连水碧，
丹升霞举映山红。

农军死战事空前，
坚守孤城近一年。
粤北奇观开创日，
井冈星火正燎原。

建军历史溯源头，
三省雄飞俱一流。
红色中华原创地，
由南至北信天游。

2014 年 10 月，陈昊苏应邀到仁化参加“纪念仁化暴动 87 周年暨红军长征过境粤北 80 周年学术研讨会”。其间，再次到石塘老区重温“苏区精神”并题诗：

血战双峰共死生，
工农壮志百年情。

天旋地转英雄气，

万世千秋拜典型。

歌曲

石塘堆花酒

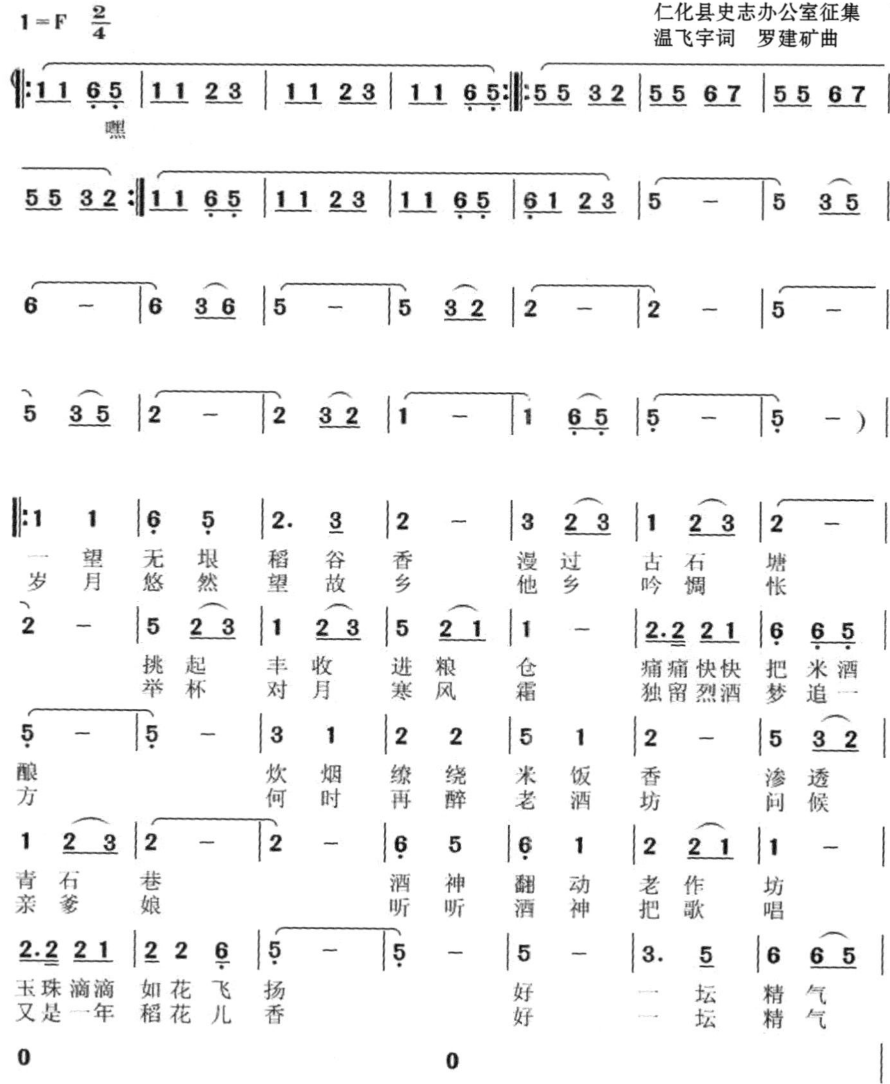

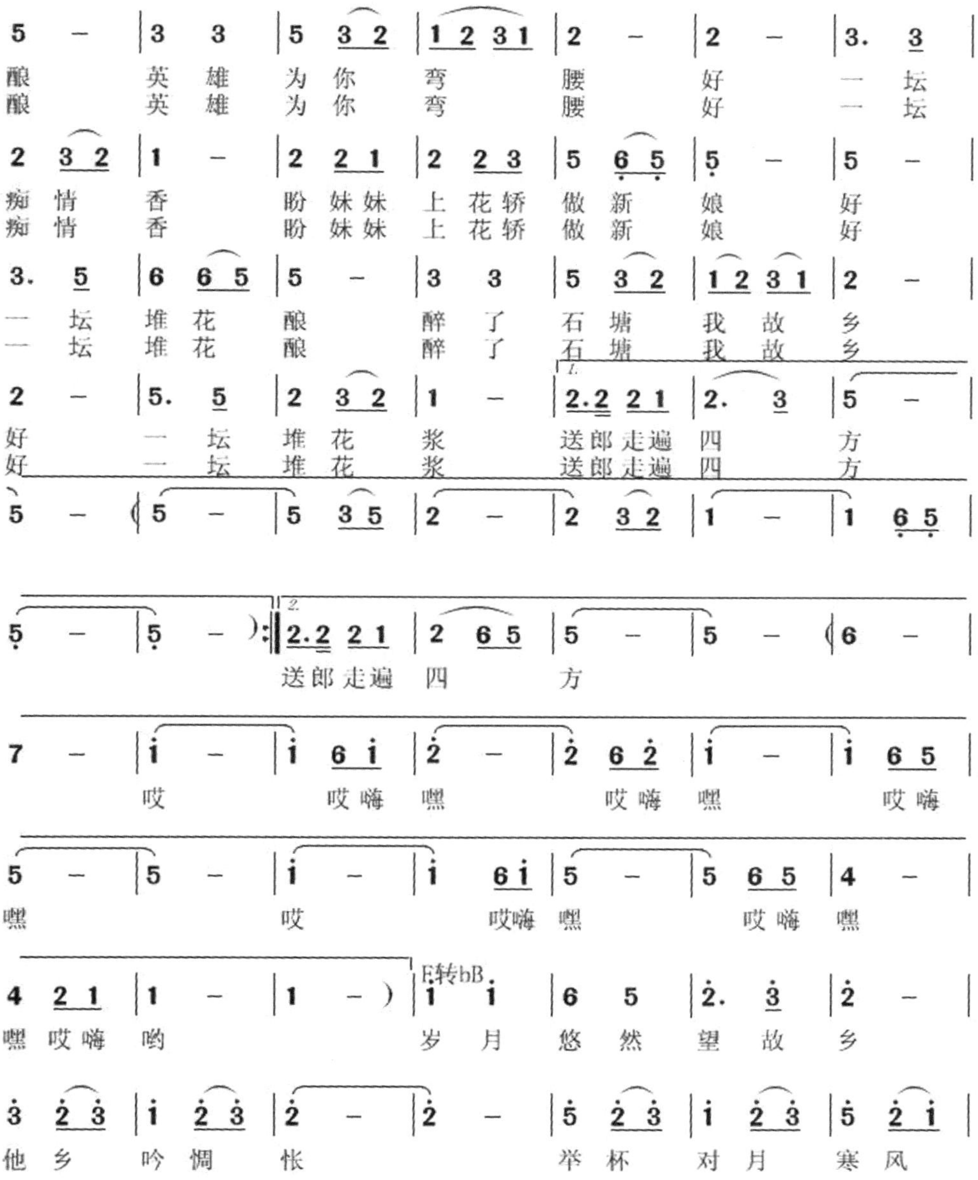

5 – | 3 3 | 5 3 2 | 1 2 3 1 | 2 – | 2 – | 3. 3 |
酿 英 雄 为 你 弯 腰 好 一 坛
酿 英 雄 为 你 弯 腰 好 一 坛

2 3 2 | 1 – | 2 2 1 | 2 2 3 | 5 6 5 | 5 – | 5 – |
痴 情 香 盼 妹 妹 上 花 轿 做 新 娘 好
痴 情 香 盼 妹 妹 上 花 轿 做 新 娘 好

3. 5 | 6 6 5 | 5 – | 3 3 | 5 3 2 | 1 2 3 1 | 2 – |
一 坛 堆 花 酿 醉 了 石 塘 我 故 乡
一 坛 堆 花 酿 醉 了 石 塘 我 故 乡

2 – | 5. 5 | 2 3 2 | 1 – |1. 2.2 2 1 | 2. 3 | 5 – |
好 一 坛 堆 花 浆 送 郎 走 遍 四 方
好 一 坛 堆 花 浆 送 郎 走 遍 四 方

5 – (| 5 – | 5 3 5 | 2 – | 2 3 2 | 1 – | 1 6 5 |

5 – | 5 –):|2. 2.2 2 1 | 2 6 5 | 5 – | 5 – (| 6 – |
送 郎 走 遍 四 方

7 – | i – | i 6 i | 2 – | 2 6 2 | i – | i 6 5 |
哎 哎 嗨 嘿 哎 嗨 嘿 哎 嗨

5 – | 5 – | i – | i 6 i | 5 – | 5 6 5 | 4 – |
嘿 哎 哎 嗨 嘿 哎 嗨 嘿

4 2 1 | 1 – | 1 –) | E转bB 1 i | 6 5 | 2. 3 | 2 – |
嘿 哎 嗨 哟 岁 月 悠 然 望 故 乡

3 2 3 | i 2 3 | 2 – | 2 – | 5 2 3 | i 2 3 | 5 2 i |
他 乡 吟 惆 怅 举 杯 对 月 寒 风

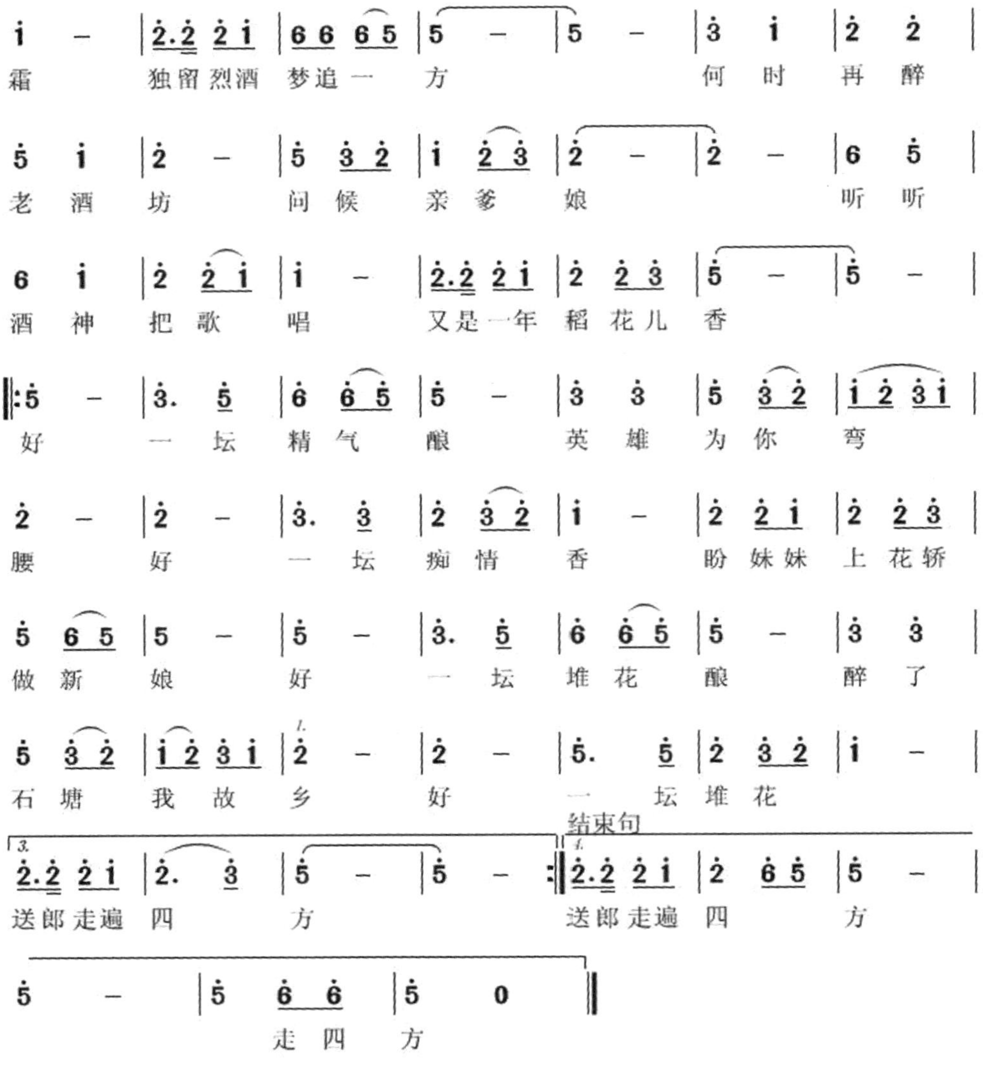

1 – | 2.2 2 1 | 6 6 6 5 | 5 – | 5 – | 3 1 | 2 2 |

霜 独留烈酒 梦追一 方 何 时 再 醉

5 1 | 2 – | 5 3 2 | 1 2 3 | 2 – | 2 – | 6 5 |

老 酒 坊 问 候 亲 爹 娘 听 听

6 1 | 2 2 1 | 1 – | 2.2 2 1 | 2 2 3 | 5 – | 5 – |

酒 神 把 歌 唱 又是一年 稻 花 儿 香

|:5 – | 3. 5 | 6 6 5 | 5 – | 3 3 | 5 3 2 | 1 2 3 1 |

好 一 坛 精 气 酿 英 雄 为 你 弯

2 – | 2 – | 3. 3 | 2 3 2 | 1 – | 2 2 1 | 2 2 3 |

腰 好 一 坛 痴 情 香 盼 妹 妹 上 花 轿

5 6 5 | 5 – | 5 – | 3. 5 | 6 6 5 | 5 – | 3 3 |

做 新 娘 好 一 坛 堆 花 酿 醉 了

5 3 2 | 1 2 3 1 | 1. 2 – | 2 – | 5. 5 | 2 3 2 | 1 – |

石 塘 我 故 乡 好 一 坛 堆 花

结束句

3. 2.2 2 1 | 2. 3 | 5 – | 5 – :|| 4. 2.2 2 1 | 2 6 5 | 5 – |

送郎走遍 四 方 送郎走遍 四 方

5 – | 5 6 6 | 5 0 ||

走 四 方

石塘双峰寨

1=♭E 4/4

仁化县史志办征集
温飞宇词 罗建矿曲

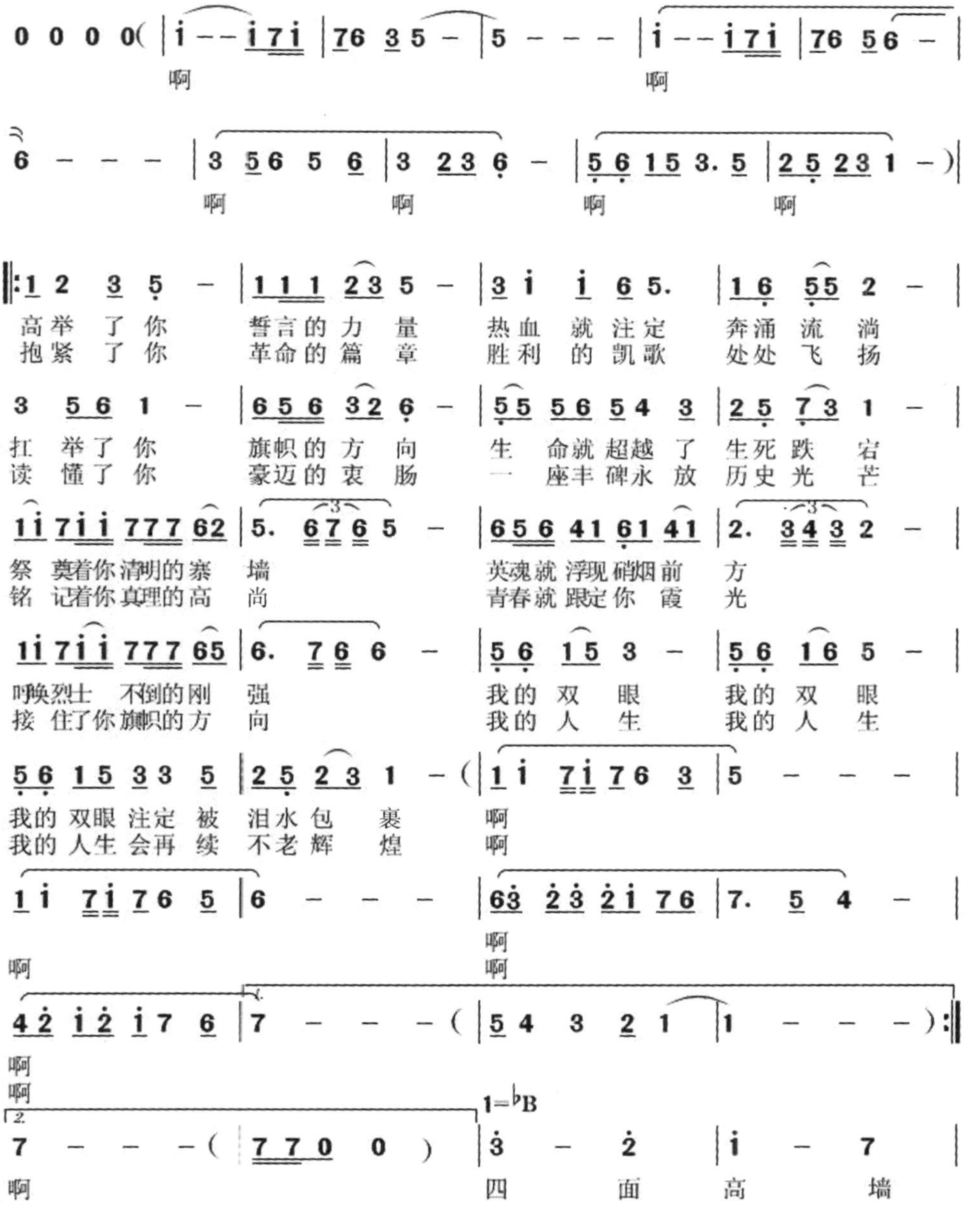

啊 啊
啊 啊 啊 啊

高举了你 誓言的力量 热血就注定 奔涌流淌
抱紧了你 革命的篇章 胜利的凯歌 处处飞扬

扛举了你 旗帜的方向 生命就超越了 生死跌宕
读懂了你 豪迈的衷肠 一座丰碑永放 历史光芒

祭奠着你清明的寨墙 英魂就浮现硝烟前方
铭记着你真理的高尚 青春就跟定你霞光

呼唤烈士不倒的刚强 我的双眼 我的双眼
接住了你旗帜的方向 我的人生 我的人生

我的双眼注定被泪水包裹 啊
我的人生会再续不老辉煌 啊

啊 啊
啊

啊
啊

1=♭B

啊 四面高墙

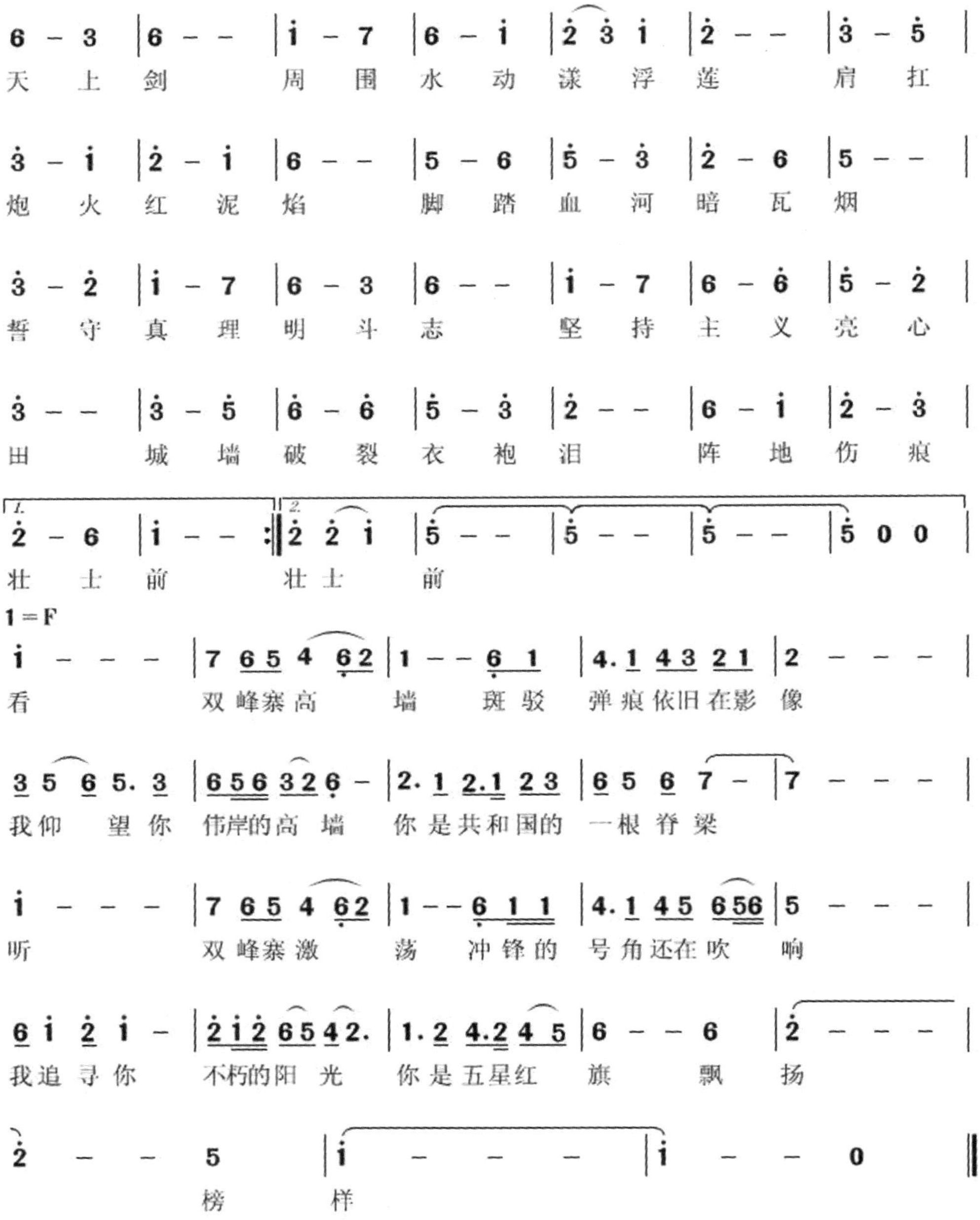

6 – 3 | 6 – – | i – 7 | 6 – i | 2 3 i | 2 – – | 3 – 5 |
天上剑 周围水动漾浮莲 肩扛

3 – i | 2 – i | 6 – – | 5 – 6 | 5 – 3 | 2 – 6 | 5 – – |
炮火红泥焰 脚踏血河暗瓦烟

3 – 2 | i – 7 | 6 – 3 | 6 – – | i – 7 | 6 – 6 | 5 – 2 |
誓守真理明斗志 坚持主义亮心

3 – – | 3 – 5 | 6 – 6 | 5 – 3 | 2 – – | 6 – i | 2 – 3 |
田 城墙破裂衣袍泪 阵地伤痕

1. 2 – 6 | i – – :|| 2. 2 2 i | 5 – – | 5 – – | 5 – – | 5 0 0 |
壮士前 壮士前

1＝F

i – – – | 7 65 4 62 | 1 – – 6 1 | 4.1 43 21 | 2 – – – |
看 双峰寨高 墙 斑驳 弹痕依旧在影 像

35 6 5. 3 | 656 326 – | 2. 1 2.1 23 | 65 6 7 – | 7 – – – |
我仰 望你 伟岸的高 墙 你是共和国的 一根脊梁

i – – – | 7 65 4 62 | 1 – – 6 11 | 4.1 45 656 | 5 – – – |
听 双峰寨激 荡 冲锋的 号角还在吹 响

6 i 2 i – | 2i2 65 4 2. | 1. 2 4.2 45 | 6 – – 6 | 2 – – – |
我追寻你 不朽的阳 光 你是五星红 旗 飘 扬

2 – – 5 | i – – – | i – – 0 ‖
榜 样

李氏家训

1=C 2/4

仁化县史志办公室征集
李招环词曲

凡李子孙，
父慈子孝，兄友弟恭，
夫正妇顺。内外有别，
尊幼有序，礼义廉耻，兼修四维。
士农工商，各守一业。
气必正，心必厚，
事必公，用必俭，动必端。
事君必忠吁，居官必廉慎，乡里必和平。
人非善不交，

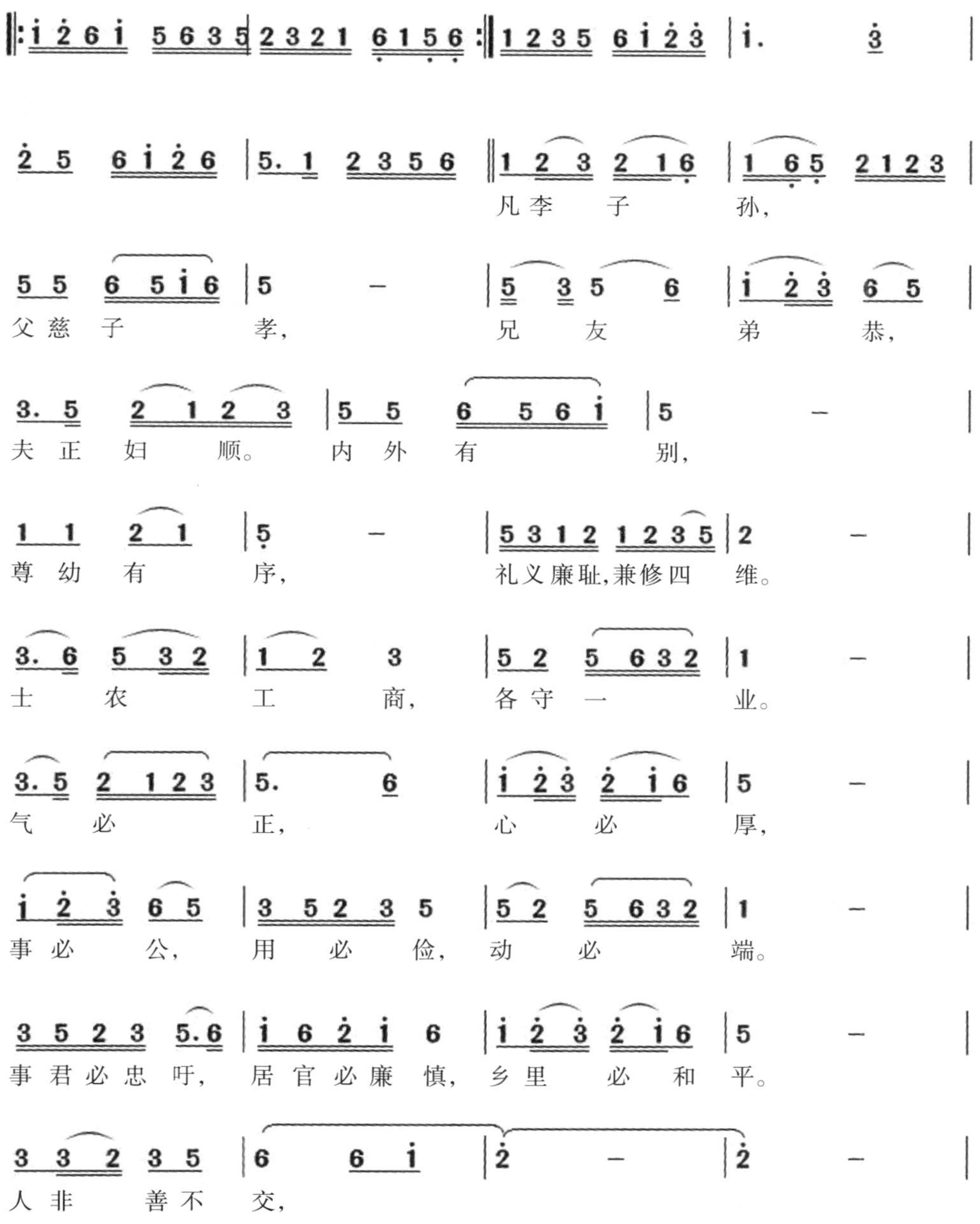

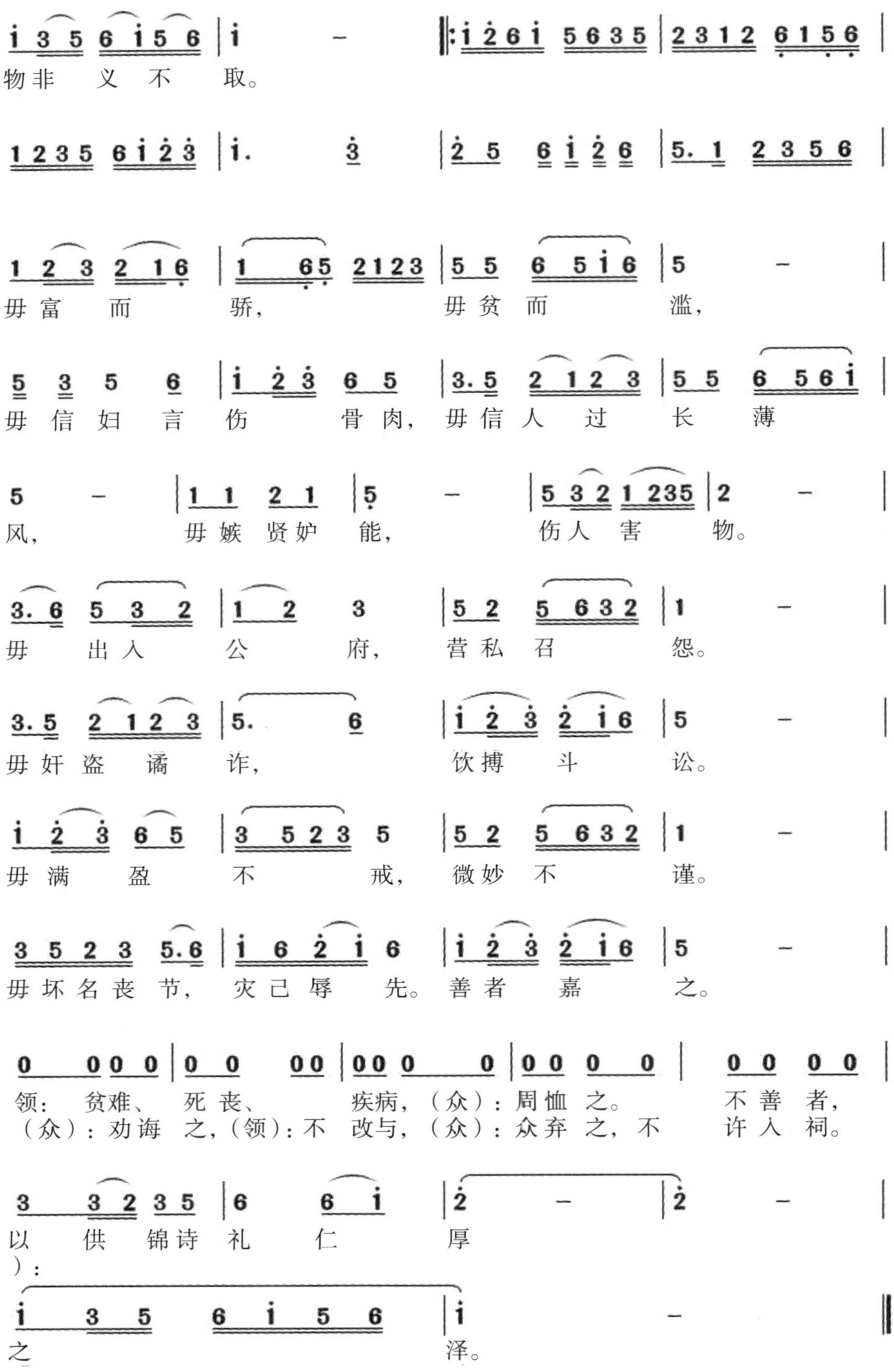

i 3 5 6 i 5 6 | i – |: i 2 6 i 5 6 3 5 | 2 3 1 2 6 1 5 6 |
物非义不取。

1 2 3 5 6 i 2 3 | i. 3 | 2 5 6 i 2 6 | 5. 1 2 3 5 6 |

1 2 3 2 1 6 | 1 6 5 2 1 2 3 | 5 5 6 5 i 6 | 5 – |
毋富而骄，毋贫而滥，

5 3 5 6 | i 2 3 6 5 | 3. 5 2 1 2 3 | 5 5 6 5 6 i |
毋信妇言伤骨肉，毋信人过长薄

5 – | 1 1 2 1 | 5 – | 5 3 2 1 2 3 5 | 2 – |
风，毋嫉贤妒能，伤人害物。

3. 6 5 3 2 | 1 2 3 | 5 2 5 6 3 2 | 1 – |
毋出入公府，营私召怨。

3. 5 2 1 2 3 | 5. 6 | i 2 3 2 i 6 | 5 – |
毋奸盗谲诈，饮搏斗讼。

i 2 3 6 5 | 3 5 2 3 5 | 5 2 5 6 3 2 | 1 – |
毋满盈不戒，微妙不谨。

3 5 2 3 5. 6 | i 6 2 i 6 | i 2 3 2 i 6 | 5 – |
毋坏名丧节，灾己辱先。善者嘉之。

0 0 0 0 | 0 0 0 0 | 0 0 0 0 | 0 0 0 0 | 0 0 0 0 |
领：贫难、死丧、疾病，（众）：周恤之。不善者，
（众）：劝诲之，（领）：不改与，（众）：众弃之，不许入祠。

3 3 2 3 5 | 6 6 i | 2 – | 2 – |
以供锦诗礼仁厚
）：

i 3 5 6 i 5 6 | i – ‖
之泽。

◉ 杂记

石塘建宗祠选址的传说

传说，石塘村建宗祠在选址时是经过一番讨论的。

李姓最早到石塘定居的是李可求一家。

那时，石塘还叫潼阳。李可求立脚的地方在潼阳北面一个叫老屋艇的地方。

老屋艇是一处荒坵，人烟稀少，土地却相当肥沃，李可求一家便在此开荒盖房居住。

一天，李可求心血来潮地四处走走，走了一程，他站在村西北名曰“八个马头”的小山上往下俯视。眼下一洼盆地，土地平整，三面是山，山下几条河有如玉带缠绕，河水缓缓，整个小平原像一口巨大的鱼塘。鱼塘之中，竖立着若干土墩。土墩在阳光照耀下，好像一朵朵莲花盛开在鱼塘中。往东看，东边的地形恰似一只巨大的凤凰展开翅膀飞入鱼塘；而对面的山岭地形酷似一条巨蟒口咬一只青蛙往鱼塘游去；西边一座山的形状又好比是一个大簸箕将里面盛着的粮食侧倒进鱼塘；北面的形状犹如一只引颈的天鹅刚跃出鱼塘，还有一座小山则如一条正在畅游的金龙，缓缓地向鱼塘游去；再远一点的西边，有一座双峰岭，酷似妇女的双乳，而且犹如正在哺乳期间一般的丰满，有这乳汁甘露在滋润着这块沃土，你想不快点长大都不行……李可求越看越高兴，越看越心花怒放，这是一块风水宝地呀，到这个地方来发展，何愁李家不富？

李可求舍下原来老屋艇的家业，来到了这块风水宝地。他带着家人开荒造田，精心耕耘，过着安居乐业的生活，为新村起名“石塘”。

石塘村人丁逐渐兴旺，财源日益广进，李氏家族日臻庞大，先辈们开始协商在石塘建一座宗祠，以慰先祖们在天之灵。

宗祠建在哪里呢？他们到外地请来一位据说很有名的风水先生，让他到石塘为建宗祠选一个最好的位置。

石塘人历来很尊敬有文化、有本事的人。风水先生到石塘村后，得到村里的最高礼遇。族长规定天天杀鸡捞鱼，酒肉不断地招待这位风水先生。而风水先生每天除了吃饱喝足之后，让人在空坪上摆张太师椅。他悠闲地坐在太师椅上，白天抬头看看天空，望望远处山岭；晚上数星星，望望月亮。就这样，一天又一天地过去了几个月，风水先生绝口不提过半句要找位置看风水建宗祠的事。

村里一些头面人物耐不住了。他们私下说，这是一个什么样的风水先生啊，为什么这么长时间过去了，还不提看风水建宗祠的事呢？干脆换一个风水先生算了。然而村里的族长却特别有耐心，他不断地制止村民们的不满行为，要他们不得对风水先生无礼。

一天，族长有事外出，外出时交代村中几个头面人物，要他们好好地招待风水先生，不能对他无礼，不能得罪他。

族长走后，风水先生仍然是天天酒醉饭饱，从不干事。

村民们本来对风水先生就有意见，这次族长不在，他们将不满之意全表现出来，意思是让风水先生难堪，让他早点离开。

三多堂（2012 年） 龙全明 摄

风水先生看在眼里，他知道村里人对他有意见，看来，再不走可不行了。一天吃了早饭，他收拾好自己的行李，不声不响地走了。

风水先生刚走不久，族长回来了，一见风水先生不在，连忙追问，村民们回答说风水先生已走，族长慌忙带人去追。追了一段路，终于追上了风水先生。族长向风水先生道歉，并恳请风水先生再回到村去。

风水先生见族长一番真诚，他便对族长讲了真话，他说："你看我天天坐在那块空坪上，其实，那就是建宗祠风水最好的地方。本来我还想再观察几天，做个调整。但村里人烦了，也就只能这样了。记着，我摆椅子的那个位置就是宗祠大门的位置，正门要向南开！"

族长回来后，就在风水先生讲的那个位置建了石塘村第一座宗祠，取名"三多堂"，寓意"多子、多福、多寿"。

后来，三多堂也有人"过路宗祠"。

事情过去几百年，三多堂历经风雨沧桑仍然屹立。它那古老的一砖一瓦，还在向行人无声地叙述着它的故事呢。

聚宝盆的传说

在石塘村，也流传着一个聚宝盆的故事。

石塘村原先是挺富裕的。不少富户家中养着高头大马。马，在那个时候是一种身份的象征。有马，就要请放养马匹的长工。

一天，一个长工在石塘的河边割马草，他远远看见河坝上有一簇草长得特别绿，特别嫩，特别茂盛。他高兴地挥舞镰刀，很快地将这一簇草割了下来，恰好是一担。

第二天，长工又来到河边，看到昨天割完草的地方居然又长出了嫩葱葱的草。诧异之余，他又割下了这一簇草，不多不少，又是一整担。

第三天，情况还是一样。长工想，难道这是一簇仙草，我将它挖下来种到富户家的边上，以后割草就不用走这么远的路。他将草地的土弄松，拉着草用力一拔，随草带出来一个瓦盆子。

“盆子也不错，拿回去喂鸡吧。”长工挖出瓦盆子，将盆子和草一同挑回去。

盆子放在院子里，长工把草种在盆子里。几天下来，草却枯死了。他只怪自己命苦，想少走一段路去割草也不行。

一天，一位婢女将院子内那个盆子洗干净装上剩饭来喂鸡。鸡吃饱后走开了，富户的老婆一见盆内还剩那么多的饭，大骂婢女是成心糟蹋米谷，不该拿太多的饭来喂鸡。婢女听了也觉得奇怪，只是百口莫辩。

晚饭后，婢女对长工诉苦。长工觉有点奇怪，他第二天将盆内的米饭倒掉，将盆子拿回了自己家中。

长工将盆拿回家后，也是随意一放，没有去理会它。

一天，长工的母亲做糍粑时，一不小心将做糍粑的盆子打烂了。她随手便将儿子拿回来的瓦盆临时代替。奇迹却产生了！只见瓦盆里的糍粑怎么拿也拿不完。母亲心头一惊，她尝试着将这个捡回来的瓦盆子放进了装有薄薄一层米的米缸里。过了一会儿，母亲好奇地打开米缸盖想探个究竟。这一看不要紧，一缸晶莹的大米满满地呈现在母亲的眼里！母亲不禁掐了掐自己的大腿，疼！这时，母亲才相信不是幻觉，这个看似普通的瓦盆子就是人们传说中一个不折不扣的聚宝盆。

母亲把一个铜钱放进盆子里，盖上盖子，揭开盖后，看到的是一盆铜钱。她用一些铜钱换了一锭银子回来，把银锭放进瓦盆里盖好，揭开的又是一盆银子。

家中有了聚宝盆，长工再也不用去打长工了。很快，他置了地，盖了房，在家当上了小地主。

古话说，没有不透风的墙。长工家得了一个聚宝盆的事还是让人知道了。这一下，整个石塘村沸腾了起来。

长工原来的东家得知消息后，没有放过长工。他来到长工家要讨回聚宝盆。长工不给，富户只有悻悻而去。但富户放出狠话，不拿到宝盆就要长工家中永远不得安宁。

长工一家没了主意，给富户吧，实在不情愿；不给吧，可能会大祸临头，富户财大气粗，有人在县上为官，得罪不起。最后，长工心一横，将聚宝盆丢进了村中的一口井里。说来也怪，原来井中的水不到半腰，长工将宝盆一丢进井内，井水就暴涨起来溢到了井口。

当富户带着一帮打手来到长工家抢夺聚宝盆时，长工告诉他聚宝盆已经丢到井中了。富户与打手来到井边往下一望，井水中隐隐约约有个盆子沉在井底。富户即刻要打手们将井水斛干。打手们七手八脚地用吊桶把井水吊出来，然而，那井水却怎么斛也斛不干，只要手一停，井水便溢了上来，而那个聚宝盆依然隐隐约约地沉在井底中……

如今，这口井还静静地在村中与村民们日夜相聚。井里的水清清的。水高出井外的地面，井水永远是满满地保持在一个水平线上。

妙联的传说

石塘村曾经有一座戏台。

原先，石塘村虽然是个千家村，却没有一个固定的戏台。但村里有很多商铺，也有固定的赶集日。每逢赶集日，村中街道热闹非凡，人头攒动。

石塘人喜欢文娱，只要逢年过节，村里都会请戏班到村内唱戏，一唱几天。唱戏必须要有戏台。每次村里预先搭好一座临时戏台，待戏唱完，又将戏台拆掉。

这样搭来拆去，极为麻烦。于是，有人提出建一座永久性的戏台，免得每次看戏都要搭建临时的戏台，耗时费力，浪费材料。大家一听，觉得有理，商议后，决定兴建一座永久性的固定戏台。

村民们说做就做，没多久，一座精美的戏台在文昌阁关帝庙侧建好了。戏台有四根大柱子，台上铺着一层厚厚的木板，戏台四周刻着一幅幅戏剧故事的图画，虫、鱼、花、鸟、人物都栩栩如生，整座戏台精美、壮观。

看着这座戏台，人们总感觉好像少了点什么。思来想去道不出所以然。一位村民站在戏台前喃喃自语："这戏台好是好，就是缺少一副对联。"大家一听，恍然大悟：对啊，怪不得总感觉这戏台好像少了点什么呢，原来是少了一副对联。

石塘村当时有些文人墨客，他们得知戏台缺少一副对联，都在苦思冥想，想撰写一副有意境的对联来，但总是不尽人意。许多天过去了，戏台正面两侧的柱子仍是空空的。

一天，石塘村一位中了举人之后在外出仕的子弟李上凤回家省亲。村中老者便将戏台之事讲与他听，并要他为戏台撰写一副有点分量的对联出来。

李上凤来到戏台前，站了一会儿，略思片刻，提笔一挥而就，一副对联跃然纸上——

逢场作戏，戏字半边虚，虚则实之，皆绝妙；

自我作古，古文全是故，故而新也，更为奇。

众人见了这副对联，皆拍手称赞。

从此，这副对联挂在了戏台的两旁。可惜的是，后来戏台被毁，这副对联也跟着遭到了厄运。

李珏轶事

在仁化石塘，有一位传奇式的人物，他名叫李珏，又名李壳。

李珏在仁化的一些事迹家喻户晓，一谈到李珏，大家都会津津乐道。

李珏的行径及外表犹如济公，但他不是和尚，只是一介布衣百姓。然而，他惩恶扬善的义举，却在老百姓心中留下了永久的记忆。

因为李珏穿着邋遢，不修边幅，所以他到一些场合总是不大受欢迎。

一次，李珏南下广州。他在广州布市内闲逛，每进入一家布店，见他穿着随便，店伙计怕影响做生意，便赶紧将他赶出店门，更不让他摸台上摆着的布匹。

李珏连进几家店铺，几家店铺的伙计都是这样待他。最后，李珏又走进了一家最大的布店。这家布店装修豪华，里面摆满各种布匹、绫罗绸缎，应有尽有。

店中伙计见李珏衣衫褴褛，正要赶他出去时，李珏说：“我是来买布的，你们为什么要赶我出去呢？”便与伙计吵了起来。

店内老板听到外面吵闹，便出来看个究竟。李珏同样以原话告之。

岂知，这个老板也是个瞧不起穷人的老板。他恶狠狠地对李珏说：“看你这个衰样想来买布？你如果真是来买布的，给一两银子，我就给你五匹布。”

李珏问：“此话当真？”

“君子一言，驷马难追。”

“那我将你店内的布匹全部买走，你怎么算价钱？”李珏一本正经地说。

老板说：“我店内这么多的布，你买得了吗？你讲话算数吗？你讲话算数的话，我同样是一两银子五匹布。”

“我李珏什么时候讲话不算数？你叫伙计将布全部搬出来！”

老板没办法，只有叫伙计搬出店内所有的布，没一会儿，店内的布全搬完了，堆在店门口。

李珏叫店老板一一点好数，按一两银子五匹布算好账，一共是三百两银子。这些布匹本来是要六千两银子的，三百两银子却只是正常价钱的二十分之一，店老板心疼得像刀割一样。

此时，看热闹的人已将布店围得水泄不通。

李珏高声地对围观的人说：“今天，我李珏在这里买到了便宜布。我不为别的，只为争口气。奉劝各位做老板的，以后不要狗眼看人低！你们为我做见证的，一人拿一匹布回去。”

围观者欣喜若狂，大家各拿一匹布在手，但是还不愿意走，他们还要看最后结果如何。

果然，老板对李珏说：“布你拿走了，我亏了五千多两银子，但这三百两银子你也得给我呀！”

李珏不慌不忙地对店老板说：“我现在身无分文，但我有个地方给布钱，你去拿把锄头来。”

锄头拿出来了，李珏用脚尖指一指他站的地方说：“就从这里挖下去。”

伙计顺从地往下挖，还没挖到一尺深，地下有个坛子，打开一看，里面全是白花花的银子。一过秤，不多不少，刚好是三百两银子。这时，老板才傻眼了。

一日，李珏在珠江边闲悠悠地散步。突然，前面一个吵架的场面映入了他的眼帘。李珏是个喜欢打抱不平的人，碰上了这样的事，他情不自禁地凑了上去。

吵架的是两个人，一个是到广州做生意的仁化商人，一个是码头老板。

原来，仁化的商人要在这里卸货，货已运到码头，而码头老板则不让仁化商人在这里卸货。仁化商人好话讲了一大通，码头老板却当他是在吹口琴，死活都不让仁化商人在这卸货。这样，双方才吵了起来。

李珏了解情况后，心中很不是滋味，他在心里打起了算盘。

没多久，李珏到广州府告状，状告自己的码头被那位不让仁化商人卸货的码头老板强占，现在要讨还公道，要索回属于自己的码头。

正在经营的码头老板当然不服，与李珏在公堂上争执起来。码头老板是当地人，又有一定势力，他当然不会买一个粤北乡下佬的账。

但李珏有证据，而且是个铁证。

知府问李珏证据何在？李珏回答说："先让老板讲吧，他讲完我才讲。"

广州的码头老板说现在码头是自己在经营，这就可证明码头是他的。

李珏说码头是他的，是老板依仗自己是本地人财大气粗，人多势广而强将码头抢去的。"至于证明吧，我原来的码头上有块碑，碑上有记载，是老板强占码头之后将石碑推到江里，如不信，可以到码头去看看。"

知府见李珏讲得有道理，便带上一班衙役来到码头。李珏用手一指江水，说："碑就是在这个位置让现在的码头老板推下江的。"知府叫几个水性好的衙役潜水下去一摸，确实是有一块石碑沉在江底。知府忙令人打捞上来。

石碑大概是经河水长期泡浸，已经变了颜色。将石碑洗净擦干，碑上的字迹还能看清楚。碑文上刻的文字确实说明该码头是属于仁化李珏所有，其中时间、位置等都与李珏所陈述的一致。

铁证如山。在证据面前，知府只有将码头判给李珏。从此，仁化人在广州有了自己的码头，韶关、仁化的商人在广州卸货、装货也方便多了。

也许，有人不了解，为什么珠江底下会有记载着码头的石碑呢？这个事说穿了，道理也很简单。原来，石碑上的文字是李珏写好叫石匠刻上去的，他用了一点有化学分解物的药涂上去后，石碑就变旧了。只可惜那位广州码头老板当了冤大头也不知道问题出在什么地方。

李珏在广州干了这两件事之后，他自己也认为再在广州混下去可能会遭到别人的报复，应该是急流勇退的时刻了。他事先请人用木头雕了一个假人，又传言李珏已在广州暴病而亡，并请人将假人从广州抬回石塘，谎称是李珏尸体。回来后，李珏还暗中请人做了四十九具棺材，每天一到傍晚就叫人将棺材抬到外面去埋，埋了四十九天。

就这样，李珏到底是什么时候死的，谁也不知道；真正的李珏到底埋在什么地方，谁也不知道。据说，李珏真正的坟是在石塘双峰寨对面的一个土丘上，1928 年国民党部队攻打双峰寨时，还曾在他的坟顶上建过工事架过炮。

石塘村新牌坊（2016 年）　　刘逸　摄

名人与名村

石塘钟灵毓秀，人才辈出。李珏是明代石塘巨贾，善经商，喜乐善，也是丹霞山最早的开发者之一，其所修“荣阳陂”和“荣阳沟”志记于《仁化县志》。及至近代，石塘村涌现出“一门七英烈”李载基一家，以及“神枪手”李家忠、画家李仲生等一批人才。更令人肃然起敬的是在新民主主义革命时期，仅石塘村为革命胜利而牺牲有名可考的烈士就有200余人。

石塘是个纳才、聚才、出才的地方。1000余年前的晚唐时期，已有惠懿禅师在大云寺驻锡弘法。李氏定居石塘后，文有清乾隆三十三年（1768）戊子科举人李上凤，武有举人李沐。及至近现代，石塘英雄风起云涌，名才辈出。其中有“一门七英烈”李载基一家，“神枪手”李家忠，还有画家李仲生等。

贻德堂内的十字训“和廉忠谨端勤俭公厚正”（2017年） 龙全明 摄

◉ 石塘人物

据史载，明清时期，石塘村中举人、进士，为官至仕者有李上凤、李英标、李章献、李汝梅等9人；清宣统三年（1911）以后，石塘村李姓考入黄埔军校的生员有6人。

纵观石塘村历代名人，除明清时期富而尚义、热心公益的李珏、李勋等人外，还有台湾现代抽象绘画运动的主要倡导者和实践者、画家李仲生，土地革命时期仁化农民运动领袖、“一门七英烈”李载基一家等。

李珏（生卒年不详） 即李壳，字克谅，号克亮，石塘村人。明成化年间（1465—1487）居士，是丹霞山最早的开发者之一。在石塘村西南修有“荣阳陂”和“荣阳沟”等水利设施。李珏常年经商，广有积蓄，并出巨资在韶关、佛山、广州等地购置码头。他的码头对仁化客商停放货物收费都特别优惠。每购置一个码头，他都会在码头上刻碑立石，碑文均有“仁化”二字，提高了仁化人的知名度。

他还出资在家乡修路。所修之路均是山道，有的还是凿石而开，修路之艰苦可想而知。在修路期间，李珏因过度操劳而患重症，医治不愈病故。李珏的夫人何氏继承他的遗愿将路完全开通，并取名“荣阳陂”。路通之后，行人无不被此路的险峻所折服，有些路段比“蜀道”难毫不逊色。路通财通。李珏修路带动了当地的发展，使当地百姓的日子越过越好，很多荒地也被开垦成肥沃的良田，使后人受益不浅。

1934 年《仁化县志》对其事迹亦有记载。

李翔凤（生卒年不详） 石塘村人。李珏之五世孙，拔贡，清乾隆十六年（1751）任陕西凤翔府总镇兵。在长辈的教育下，李翔凤从小知书达理，心地善良，文武兼习，练就了一身的武功，随之便投军为国出力。李翔凤因作战骁勇得到上司赏识，官至陕西凤翔府总兵。李翔凤在任期间体恤士兵，爱护百姓。

李勋（生卒年不详） 字滋舒，石塘村人，清代例贡。他自幼好学，但无心功名，在父亲的催促之下，取得例贡，但他仍然不愿入仕为官，一生富而好义，造福乡里。只要遇有贫困需助之人，他一定会慷慨相助。他平日里喜欢修桥修路，造福于民。见行人于道，无一休歇之所，便出资修建茶亭，供行人歇息，以避风雨。他虽不愿入仕，却对教学舍得投入。清道光二十七年（1847），李勋出资兴建董劝书院，培养了不少优秀人才。李勋的子孙品学兼优，他的两个儿子翘楚、翘山均为拔贡，几个孙子皆为庠生，曾孙为恩贡，在当地有“一门四代皆贡生”之誉。李勋为人慈和，心态平稳，与世无争，寿至 87 岁无疾而终。

李盛萃（生卒年不详） 石塘村慈权坊人，生于清嘉庆年间（1796—1820），卒于清光绪年间（1875—1908）。李盛萃武艺精湛，又擅长医治跌打损伤和无名肿毒，而且医德高尚，为人坦荡，深受民众的厚爱和敬仰，在仁化、曲江、乐昌等地声名远扬。他在石塘村德高望重，有很大的号召力。清光绪二十一年（1895），李盛萃等人首先倡议、发动筹建双峰寨。此举得到石塘村民众的拥护和大力支持。李盛萃在建寨前期尽心尽力，为双峰寨建设做出了不可磨灭的贡献。

李美鹏（生卒年不详） 石塘村楼下坊人，生于清道光年间（1821—1850），卒于清光绪年间（1875—1908）。双峰寨筹建之年，李美鹏参与了筹商。不仅如此，李美鹏还自愿为建双峰寨捐献了自家“八角楼”的所有材料。他原以为双峰寨的规模不会太大，认为“拆八角楼有余”，但后来才知道建双峰寨所需材料与八角楼的材料相差甚远。所以，石塘村至今还将“拆八角楼有余”传为美谈。李美鹏为建双峰寨做出了不可磨灭的贡献。

李茂勤（1835—1922） 石塘村人。幼年被父亲送至江西学武，师拜江姓、何姓武师，学成一拳（江氏拳法）、一棍（何氏棍术）。

李茂勤因以一人之力除三匪，授到地方褒扬。三匪之一乃官府追捕多年的要犯，李茂勤“为民除害”，虽用担杆（一根五尺长的木杆，当地人称作“龙船杆”，常作扁担使用）将匪徒击毙，但官府并未追究。

石塘双峰寨开建，李茂勤被委以重任，专事社会治安，以确保各工场材料安全。他尽心尽力，为双峰寨的建造营造了良好的外部安全保卫条件。

1922 年，李茂勤去世，享年 87 岁。

李德仁（1864—1949） 字福基，石塘村大园人。李德仁是家中长子，在父亲勤劳朴实的家风熏陶下，经过几年私塾教育并深受儒家的忠信仁爱、温良谦恭影响，养成了善良、耿直、忍让的性格以及严于律己、宽厚待人、勤俭持家、勇于进取的作风。李德仁对内把家庭操持得有条有理，对外与乡亲村邻关系处理得很融洽，村中的长辈们对他赞不绝口。

当村里酝酿修建双峰寨之时，李德仁时年 30 岁。村中族老们反复酝酿、比较、商议，最后商定李德仁担任双峰寨工程主管一职。

为修建双峰寨，村里特意成立了由各坊族老组成的建寨理事会。理事会一致推荐李德仁为理事会成员之一。

村里原来有一定数量的公产田，这些田的租金是用于村里每年搞祭祀的。村里每年都进行十大祖宗祭祀，名曰“十大祭”，是一笔不小的费用。为了修寨，村里决定停掉李氏十一世祖开始沿袭的“十大祭”，把这笔经费用在修建双峰寨上。

资金问题解决了，理事会做出了只雇手艺精的木工师傅、石匠师傅、土工师傅，其余所需劳力，一律由村中村民负担的决定。凡村中年满 16 周岁以上、50 周岁以下的男丁，除老弱病残无劳动能力者之外，一律要无偿地参加修建双峰寨的劳动。

双峰古堡（2010 年） 龙全明 摄

雄伟双峰寨（2010 年）　　龙全明　摄

在施工中，李德仁身先士卒，以身作则。他首先严格督促自家的子弟在施工中决不能缺勤，不能偷懒，要与众人一样积极地参加劳动。

李德仁的长子李廷祥身体较弱，一直在私塾读书。一到他满 16 周岁，李德仁便要其到双峰寨劳动。在劳动中，李廷祥因年纪小体力不济，劳动比不上其他壮劳力。李德仁发现后，对李廷祥大骂一通，并督促儿子要完成与壮汉一样的劳动份额。儿子李廷祥受不了父亲的苛严，也受不了超负荷的劳动。在一个夜里，李廷祥吞服了大量的鸦片烟土离开了人世。自杀前，李廷祥留下了几个字："从此以后，我再也不会给你丢脸了……"

儿子死了，李德仁心如刀绞，但他表面上不当一回事，仍然奔走在工地上。李德仁的母亲却因为长孙的死悲痛欲绝，每天以泪洗面。她骂李德仁残酷无情逼得她孙子走上绝路，没多久，母亲也离开了人世。

短时间内，李德仁家惨遭子死母亡的变故，令村民们心感悲痛，唏嘘不已。然而，李德仁却挺住了，他仍然按时出现在施工现场，像往常一样指挥施工。村民无不被李德仁的精神所感动，他们情绪高涨，劳动效率提高了许多，工程进展顺利。可是，村民们却不知道，李德仁在工地上忙完了一天的活回到家后，一个人躲在房里默默地流泪……就这样，李德仁十多年如一日地劳动，一直坚持到双峰寨竣工。那天晚上，李德仁放声大哭。

由于过度的劳累，由于丧母亡子的长期悲伤，也由于他长期熬夜，李德仁刚过五十岁，眼睛因渐变模糊而逐渐双目失明。

李德仁虽然双目失明，但村里人对他仍然是十分的信任。村里在筹建“桥路会”时，大家又一致推举李德仁为筹建会的主要负责人之一。

李德仁为将“桥路会”办成一个真正为老百姓修路架桥的“桥路会”。他又率先捐田五亩，发动大家筹集资金，将资金用在修建石塘通往四方的路桥上。在他的努力之下，一个以石塘为中心的几个“桥路会”顺利成立。其中有通往董塘的“石塘桥路会”，有通往安岗、杨屋山的“安岗桥路会”，有通往中坌、乐昌坳的“仁乐桥路会”，有通往马嘶坳、曲江伍屋、姚屋的“曲仁桥路会”。

桥路会成立之后，李德仁每年及时敦促各桥路会召开理事、监事会，按时按计划完成桥路工程，及时地公开账目，对不称职的理事或监事进行改选。在李德仁的领导和有力督促下，各桥路会尽职尽责，将所辖范围的桥路修建得井井有条。在很长一段时间里，石塘通往外面的所有桥路是当地修建得最好的，村民行走方便，过往行人无不竖指称赞。

李德仁 85 岁而终。

李家忠（1878—1928） 石塘村人，农民自卫军战士。1928 年，在双峰寨保卫战中，李家忠奉命驻守西南楼。

当时，国民党的两个团把双峰寨近距离团团围住。国民党军队破寨心切，他们选择面对双峰寨西南楼仅距五六十米的福音堂（外国人的教堂）作为炮点，依仗着一扇自动铁门，定好射击点疯狂轰击西南楼。福音堂的铁门平时紧闭，当敌人向守寨军民开炮时，铁门能自动开启，炮弹打出，铁门又自动关闭，只有敌人打守寨军民，守寨军民打不到敌人。

驻守在西南楼的李家忠心急如焚，为寻找破敌之术绞尽了脑汁。他以折小棍子的方法记录敌人炮击数量和间歇时间，敌人打一炮，他便折一小棍。经过几天的观察，他终于掌握了敌炮的击发规律。李家忠搬来了杀伤力最强的兵器——台枪，他把枪口瞄准了福音堂的铁门。敌人要向双峰寨开炮了，李家忠全神贯注，屏住呼吸，手握台枪。福音堂的铁门刚开时，只听“轰”的一声巨响，李家忠一枪命中敌炮。敌人人死炮翻，福音堂里再无生气了。

此战结束，一数小棍，刚好是 360 根，证明敌人已向西南楼打了 360 炮。此后，敌

双峰寨西南楼（2010 年） 龙全明 摄

人的炮声没了动静，敌人的炮攻宣告失败。此战殒命的敌炮兵连连长，是石塘双峰寨保卫战中被击毙的敌最高指挥官。经此一战，寨内军民士气大增，皆欢欣鼓舞。自此，大家把李家忠誉为“神枪手”。

1928 年，李家忠在石塘寨保卫战中壮烈牺牲。

李载基（1897—1947） 石塘村人，在兄弟姐妹中排行第二。民国初年，父亲李宗藩将李载基送到了县城的高级小学堂读书。尽管学费昂贵，李宗藩全家节衣缩食供李载基读书。李载基读书非常努力，以优异的成绩毕业。毕业后，他本来可以到更高的学府去深造，但他没有去。一是开支太大，他不愿家人为他付出太多。二是村里乡亲们希望他留下在村里小学教书。他略为考虑了一下，便留了下来。

李载基 仁化县史志办公室 提供

第一次国共合作期间，在国民党中央农民部任组织干事的中共党员阮啸仙于 1926 年春到仁化指导开展农民运动。李载基积极参加农民运动，并当选为石塘乡农民协会的常务执行委员。

在阮啸仙的影响下，李载基全家人都支持农民运动。他的父亲李宗藩、兄长李肇基、大嫂黄庚招、妻子刘庚庚、弟弟李绪基和李立基全部参加了农会。李绪基后来担任广东工农革命北路第八独立团第四营营长，李立基参加中国工农红军。后来，他们为中国的革命事业，全部献出了自己宝贵的生命。

在革命中，李载基带领农会会员们与反动地主恶霸、土豪劣绅斗争，使广大受苦民众在黑暗中见到了曙光。

1927 年，蒋介石发动了“四一二”反革命政变，国民党当局又在广州发动了“四一五”反革命政变。革命形势急剧变化。国民党仁化当局受上峰旨意，大肆地屠杀共产党人和革命群众。一时间，仁化大地血雨腥风，很多共产党员、农会会员、革命群众，甚至是无辜群众被屠杀，或被关进仁化监狱。

为保存实力，在上级的命令下，李载基迅速转移。随后，他在湖南省汝城县加入由梁展如等人率领的北江工农自卫军。没多久，他又随队伍南下，于 6 月 23 日攻下国民党占领的仁化县城，打开监狱，救出了被关押的农会会员以及革命群众 80 多人，然后带领他们上澌溪山与蔡卓文、刘振平一道，在澌溪山坚持革命斗争。

李载基故居（2017 年）　　谢嘉文　摄

1927 年冬至 1928 年春，李载基与蔡卓文、刘振平、廖汉忠等一道，到石塘抓捕镇压农民运动的土豪劣绅。同时，恢复农会。随后，李载基跟随朱德部队攻占仁化县城，救出农友 40 多人，解散仁化县警队。

1928 年，李载基加入中国共

产党，被选为仁化县第五区农民协会常务执行委员，具体负责石塘乡的农运工作。他按照县委要求带领群众把土地革命斗争搞得轰轰烈烈。

1928 年仁化暴动震撼南粤大地，国民党当局纠集反动武装 1000 多人围攻仁化董塘、石塘等革命根据地。李载基带领农军奋起反击。但由于力量悬殊，华阳寨保卫战失败。随之，李载基又带领广东工农革命第八独立团第四营以及农会会员、赤卫队员、革命群众共 700 多人坚守石塘双峰寨。敌人将数倍于农军的兵力和精良的武器把双峰寨围了个水泄不通，围困时间长达 9 个月。最后敌军又连续三次飞机轰炸，寨内军民伤亡巨大。为保存革命火种，寨内军民冒死突围，转移到澌溪山游击根据地坚持革命斗争。

1929 年 8 月，国民党仁化县县长何炯璋联合乐昌、始兴以及湖南汝城等县警队共 1000 多人到澌溪山清剿农军。此时，在山上坚持斗争的赤卫队才 80 多人，但他们还是与强大的敌人激战了 4 个多小时后才分三路突围。突围后，李载基转移到南雄，由曾昭秀领导的游击队介绍，转入江西大余县城黄龙街隐蔽。李载基化名“文和”在街上开了个小店，作为中共地下联络站，负责收集、输送情报等，还发动进步青年参加

文和店遗址（2014 年）　　谢嘉文　摄

革命工作。1931 年，李载基与参加了红军、奉命从井冈山到黄龙一带开展工作的弟弟李立基接上了头。从此，兄弟两人再度并肩作战。1943 年后，李载基曾两次奉命回仁化搞地下工作，都因受仁化当局追捕，难以立足，只好再度返回苏龙，在山区以加工樟油为业，继续开展革命工作。

抗日战争胜利后，李载基于 1947 年春回到石塘村。是年 8 月，国民党大肆捕杀共产党人。李载基不幸被捕，被敌人关进仁化监狱。在狱中，针对敌人许以高官厚禄和严刑拷打的软硬兼施的卑鄙手段，李载基不为所动。1947 年 8 月 27 日，恼羞成怒的敌人乘李载基治病之机，下毒药将李载基杀害。李载基时年 50 岁。

李家声（1901—1961） 石塘村人。他从 9 岁启蒙起，一直上学到 35 岁，毕业于私立广东国民大学中文系（四年制），受了整整 26 年的学校教育，在当时地处粤北山区的石塘，可谓是凤毛麟角。

李家声喜欢教书。他说，能将自己所学到的知识文化传授给学生们，是最开心的事。于是，他选择了在广东省立韶关师范学校任教。

1938 年 10 月，经省教育厅批准，韶州师范学校迁到仁化水南村办学，同时开设附属小学。李家声因教学出色担任学校副校长。随后，李家声回到家乡的石塘完全小学担任校长。

1945 年，当时仁化县的最高学府仁化中学已有规模，全校有学生 130 多人。学校慕名找到李家声，请他出任仁化中学校长。

李家声担任仁化中学校长后，在学校实行校长责任制，下设教导处、事务处，教导处分教务、训导、卫生、体育四个组，事务处分文书、庶务两个组。学校教学有了起色。

新中国成立后，仁化县人民政府接管了仁化中学，县长陆一清兼任仁化中学校长，李家声任副校长，学校的主要工作由李家声负责。

1950 年，李家声作为会议代表出席了仁化县第一届、第二届、第三届各届人民代表会议。

1961 年，李家声逝世，时年 60 岁。

李绪基（1905—1930） 又名李翠基，石塘村人。年轻时的李绪基受二哥李载基影响参加乡农会组织，表现突出，很快就加入了中国共产党。朱德在仁化改编（仁化）工农革命军第四独立团时，李绪基担任第四营营长。

李绪基在农民自卫军、赤卫队以及担任革命军营长期间，都显示出他对革命事业的无限忠诚。每次战斗，他总是跑在队伍的最前列。带领农军配合朱德、陈毅部队抓捕土豪劣绅时，他义无反顾；跟随朱德、陈毅部队攻占仁化县城时，他冲锋在前；双峰寨保卫战斗中，他作为部队的指挥员之一，不仅身先士卒地站岗、放哨、向敌人还击，还稳定军心，唤起战士们的斗志，带领寨内军民克服没水、没盐、没油、农友因疾病流行去世、被敌人围困等困难，与寨外武装到牙齿的敌军对峙9个月。1928年11月12日，仁化县革委决定寨内所有人员突围，黄梅林等壮烈牺牲，李载基、李绪基等50余名赤卫队队员转移到浙溪山坚持游击战争。

李绪基从双峰寨转移出来后，在浙溪山坚持斗争，后又在曲江、乐昌、南雄及广东、江西、湖南边界坚持游击战争。李绪基奉命到韶关开展地下工作后，于1930年秋天被捕。

李绪基被捕后，敌人在他身上使尽了所有功夫，妄图从他身上得到一丝情报。但李绪基咬紧牙关，宁死不屈。1930年9月20日，李绪基被敌人杀害，时年25岁。

李仲生[①]（1911—1984） 石塘村大园人。他集教育评论与创作于一身，是台湾现代抽象绘画运动的主要倡导者和实践者。

李仲生　石塘镇政府　提供

李仲生从小聪明好学，读书勤奋，尤其受其父亲绘画的影响，对国画更是酷爱。1930年，李仲生入读广州美术专科学校，开始学习西画。次年转入上海美专，在上海时曾参加“决澜社”活动。1933年去日本留学，1937年毕业于日本东京大学艺术系西洋画科。

在日本学习期间，李仲生与赵兽、梁锡鸿、李东平等成立“中华独立美术协会”，以声援中国艺坛。同时，还加入了东京的前卫美术团体“黑色洋画会”。

1937年“七七事变”爆发，李仲生于8月毅然回到广州，到政府军队任职。1938年担任少校秘书，1939年参加中央训练团留日学生训练班，1942年任政治部上校主任等职。同时他一直未丢下教育和绘画，抗战期间曾任教于国立艺专，后到杭州艺专任教。任教期间，他在教学生绘画的同时，更没有忘记宣传抗日活动。

---

① 本条目有关资料是根据艺术中国网站（art.china.cn）2009年6月7日载文《中国意象油画家简评（七）：李仲生》，以及黄瑾《李仲生与现代主义绘画的发展》[《现代装饰（理论）》2012年第4期] 整理而成。

石塘村文化长廊中的李仲生宣传板块（2017 年）　　龙全明　摄

1942 年起，李仲生应国立杭州艺术专科学校校长陈之佛聘请，执教国立艺专西画系。在此期间，他与赵无极、傅抱石、徐悲鸿、林风眠、郁风等画坛名家们活跃在中国画坛。

1949 年李仲生前往台湾，先后在台北、彰化两地的台北第二女中、员林家职学校、政治干部学校和彰化女中任教，并曾兼任台湾教育主管部门美育委员会委员等社会职务。1951 年，他与朱德群、赵春翔、林圣扬、刘狮等人举办了“现代绘画联展”。同年，在台北开设“秋人画室”。20 世纪后期活跃于台湾的现代艺术家，如管治中、萧勤、吴昊、夏阳、李元佳、陈道明、秦松、李锡奇、郭振昌、谢东山、陈幸婉、郭少宗、曲德义等，均出自李仲生门下。

我的繪畫思想

堅持在繪畫上作現代表現

李仲生

一、堅持在繪畫上作現代的表現

二、注意現代世界美術思潮的發展和變遷。因此，不論歐洲的、美国的、日本的藝壇動態，都很注意。不論对任何新誕生的作風，都詳細研究，但絕不作形式上之模倣。

三、要有独創性，要有独創性，就必須先具備素描工力。因為素描工力，是創作的基礎。

四、要有素描基礎。

現代的畫，有現代的素描基礎。我認現代的畫，如果沒有素描基礎，那么，不是畫成圖案，便畫到插圖去了。不過現代繪畫的素描，不同於傳統繪畫的素描罷了。

李仲生绘画思想　　　　石塘镇政府　提供

李仲生的教学采取了学院教育不可想象的教学方式——师生一对一对谈。因材施教，尊重学生个性，决不改画，不让学生看他的画，甚至不鼓励学生互相学习，发现学生不适合学画就劝其改行。他这样做的目的是让学生走出自己的个性化道路，充分表现自我。因为，艺术创作是纯粹的、感性的表现方式。

李仲生于 1984 年在台湾病逝，终年 73 岁。

李仲生去世后，其作品和文物由其基金会保管。基金会每年还举办李仲生成就奖，鼓励后辈创作人才。

李仲生勤于创作，他一生绘画作品很多，可他却从不举办个人画展。直到 1979 年，他才举办了第一次个人画展，也是他在世时唯一举办的个人画展。他过世前，便将他的作品与相关资料捐给台湾美术馆典藏。

李仲生诞辰 100 周年之时，台湾美术馆推出“李仲生百年纪念展”。从他 1286 件作品中选出 90 余件不同时期的作品展出。这 90 余件作品中有油画、水彩、素描等。

李仲生绘画作品　　石塘镇政府　提供

李仲生（右）在教学　　石塘镇政府　提供

李瑞仪（1913—1952） 又名李克丰，字菊生，石塘村大园人。7 岁开始读私塾，1931 年在广州建筑工程学校读书。

1934 年，21 岁的李瑞仪任四会县建设科科长。任职期间，他设计出了从四会到广州的公路图纸，并担任该工程的技术总负责。1936 年，李瑞仪报考了黄埔军校第十三期，转而学习军事。1939 年，李瑞仪毕业后，回到家乡石塘，并为石塘村东鹏山寨前设计修建了鹏山公园。

之后，李瑞仪在东昌工作四年，仁化县不愿人才外流，几经努力，又将李瑞仪召回仁化担任建设科科长，并兼任董塘乡乡长。其间他设计并修建董塘农贸市场，并修复石塘龙母宫。

新中国成立后，李瑞仪继续担任仁化县建设科科长。在任期间，李瑞仪主持设计和负责改建董塘河中游的临时性陂头茅陂。经过一年多的艰苦奋斗，一个永久性的新陂头以崭新的面貌屹立在董塘河中，可灌溉农田 100 多公顷。随后，李瑞仪设计了仁化县供销总社大楼和仁化县城河堤等工程。

1952 年 10 月，李瑞仪去世，时年 39 岁。

石塘村部分历代人物一览表

表 12

姓名	性别	生卒时间	简介
李上凤	男	不详	乾隆三十三年（1768）戊子科举人
李 沐	男	不详	岑溪县训导武举人
李英标	男	不详	乡试副榜
李之骥	男	不详	香山县教谕
李鸣纲	男	不详	京城右所千户
李世禄	男	不详	乳源城守
李公达	男	不详	韶州府学训导
李章献	男	不详	北京都察院都事
谭和顺	男	不详	贡生
蔡廷选	男	不详	贡生
李 驷	男	不详	贡生
李 楸	男	不详	贡生

续表 12

姓名	性别	生卒时间	简介
李 阶	男	不详	贡生
李青震	男	不详	贡生
李 骒	男	不详	贡生
李 骝	男	不详	贡生
李 范	男	不详	贡生
李翘楚	男	不详	拔贡
李南山	男	不详	贡生
蔡国贤	男	不详	贡生
李凌霄	男	不详	贡生
李翘由	男	不详	拔贡
李舒锦	男	不详	恩贡
李 酞	男	不详	恩贡
刘树屏	男	不详	贡生
李翘生	男	不详	拔贡
李秀春	男	不详	庠生
李文海	男	不详	庠生
李汝梅	男	不详	贡生（仁化县县长）
李占春	男	不详	仁化县知事
李覃恩	男	不详	广州黄埔军校学员
李克智	男	不详	成都黄埔军校学员
李端仪	男	不详	武汉黄埔军校学员
李松龄	男	不详	武汉黄埔军校学员
李积琳	男	不详	武汉黄埔军校学员
李增华	男	不详	广州黄埔军校学员

石塘村籍英烈一览表

表 13

姓名	性别	出生时间（年）	籍贯	参加革命时间（年）	牺牲时间、地点、原因	牺牲时单位、职务
老　刘	男	1882	石塘村	1925	1928 年抗敌围攻石塘寨战斗中牺牲	第五区农民自卫军战士
李礼信	男	1907	石塘村	1925	1928 年抗敌围攻石塘寨战斗中被捕，被杀害于石塘文昌街	石塘农民自卫军战士
李年清	男	1887	石塘村	1925	1928 年抗敌围攻石塘寨时被俘，被杀害于石塘文昌街	石塘农民自卫军战士
何火生	男	1903	石塘村	1925	1928 年抗敌围攻石塘寨时被俘，被杀害于石塘文昌街	石塘农民自卫军战士
李丁珍	女	1896	石塘村	1926	1928 年 10 月在石塘寨突围时被俘，后遭杀害	石塘农民自卫军战士
李后正	男	1907	石塘村	1925	1927 年 4 月被捕，被杀害于石塘屋背岭	石塘农民自卫军战士
李永清	男	1908	石塘村	1928	1928 年抗敌围攻石塘寨时被俘，被杀害于石塘文昌街	石塘农民自卫军战士
李石秀	男	1875	石塘村	1926	1928 年石塘寨保卫战中被俘，被杀害于石塘文昌街	石塘农民自卫军战士
叶生福	男	1902	石塘村	1925	1928 年 10 月抗敌围攻石塘时，在战斗中牺牲	石塘农民自卫军战士
何光程	男	1909	石塘村	1925	1928 年抗敌围攻石塘寨时，于突围中牺牲	石塘农民自卫军战士
黄贵衣	女	1876	石塘村	1925	1928 年抗敌围攻石塘寨时，在战斗中牺牲	石塘农民自卫军战士
程林妹	女	1897	石塘村	1925	1928 年抗敌围攻石塘寨时，在战斗中牺牲	石塘农民自卫军战士
李锦有	男	1904	石塘村	1925	1928 年外出侦察时被捕杀害于曲江县	石塘农民自卫军战士
谭清兰	女	1900	石塘村	1925	1928 年抗敌围攻石塘寨时，在战斗中牺牲	第五区农民自卫军战士
李兆荣	男	1873	石塘村	1925	1928 年外出采购油盐药品，途中被捕，被杀害于乐昌县	仁化县游击队大队队员
李心境	男	1905	石塘村	1925	1928 年外出侦察时，右石塘曾屋角村被捕，被杀害于曲江县	仁化县游击队大队队员
李兴善	男	1888	石塘村	1926	1929 年打游击时被捕，被杀害于董塘镇	中国工农红军第四独立团战士、仁化县游击队大队队员
蔡璋古	男	1908	石塘村	1926	1928 年抗敌围攻石塘寨时，于突围时牺牲	第五区农民自卫军战士
李建有	男	1902	石塘村	1925	1928 年抗敌围攻石塘寨时被捕，被杀害于石塘文昌街	第五区农民自卫军战士
徐丙婵	女	1886	石塘村	1928	1928 年抗敌围攻石塘寨时，在战斗中牺牲	第五区农民自卫军战士

续表 13

姓名	性别	出生时间（年）	籍贯	参加革命时间（年）	牺牲时间、地点、原因	牺牲时单位、职务
蒙召燕	男	1911	石塘村	1925	1928 年抗敌围攻石塘寨时，在战斗中牺牲	第五区农民自卫军战士
谭招娣	女	1910	石塘村	1928	1928 年抗敌围攻石塘寨时，在战斗中牺牲	第五区农民自卫军战士
蒙年德	男	1879	石塘村	1928	1928 年抗敌围攻石塘寨中病故	第五区农民自卫军战士
李扶忠	男	1903	石塘村	1925	1928 年在湖南省桂阳分界岭作战时牺牲	石塘农会干部、第五区农民自卫军战士
蔡流民	男	1889	石塘村	1926	1928 年抗敌围攻石塘寨中病故	石塘农民自卫军战士
李建立	男	1905	石塘村	1925	1928 年抗敌围攻石塘寨时被捕，被杀害于下历林村	石塘农民自卫军战士
李建功	男	1907	石塘村	1925	1928 年抗敌围攻石塘寨时被捕，被杀害于下历林村	石塘农民自卫军战士
李宋实	男	1891	石塘村	1925	1928 年抗敌围攻石塘寨中病故	石塘农民自卫军战士
何岐成	男	1879	石塘村	1925	1928 年抗敌围攻石塘寨中病故	石塘农民自卫军战士
刘毛桃	女	1904	石塘村	1925	1928 年抗敌围攻石塘寨中病故	石塘农民自卫军战士
李建业	男	1888	石塘村	1925	1928 年抗敌围攻石塘寨时被捕，被杀害于石塘文昌街	石塘农民自卫军战士
李建邦	男	1899	石塘村	1925	1928 年运送物资途中被捕，在黄伍村遭杀害	石塘农民自卫军战士
李起顺	男	1910	石塘村	1926	1928 年石塘寨保卫战中牺牲	石塘农民自卫军战士
李福芳	男	1897	石塘村	1925	1928 年到高宅村筹粮时被敌人杀害	石塘农民自卫军排长
冼亚福	男	1895	石塘村	1925	1928 年石塘寨保战卫中牺牲	石塘农民自卫军战士
刘子祥	男	1893	石塘村	1925	1927 年被捕，被杀害于冼屋桥头	石塘农民自卫军排长
廖福寿	男	1911	石塘村	1926	1928 年在石塘寨保卫战中牺牲	石塘农民自卫军战士
蒙发秀	女	1909	石塘村	1926	1928 年抗敌围攻石塘寨时病故	石塘农民自卫军战士
李驼背	男	1876	石塘村	1926	1928 年抗敌围攻石塘寨时病故	石塘农民自卫军战士
许　娥	女	1897	石塘村	1926	1928 年抗敌围攻石塘寨时病故	石塘农民自卫军战士
李素兰	女	1873	石塘村	1925	1928 年抗敌围攻石塘寨战斗中牺牲	石塘农民自卫军战士
钟玉香	女	1900	石塘村	1925	1928 年抗敌围攻石塘寨时被捕，被敌人用火烧死	石塘农民自卫军战士
李建传	男	1909	石塘村	1925	1928 年在抗敌围攻石塘寨时被俘遭杀害	石塘农民自卫军战士
蔡宝婢	女	1887	石塘村	1925	1928 年在抗敌围攻石塘时病故	石塘农民自卫军战士
李锦康	男	1881	石塘村	1925	1928 年在抗敌围攻石塘时病故	石塘农民自卫军战士
黄珍池	男	1897	石塘村	1925	1930 年在石塘长连山作战时牺牲	中国工农红军第四独立团战士、仁化县游击队大队队员

续表 13

姓名	性别	出生时间（年）	籍贯	参加革命时间（年）	牺牲时间、地点、原因	牺牲时单位、职务
刘 贞	女	1871	石塘村	1925	1928 年在抗敌围攻石塘寨时，在战斗中牺牲	石塘农民自卫军战士
李长康	男	1909	石塘村	1925	1928 年在抗敌围攻石塘寨突围战斗中牺牲	石塘农民自卫军战士
李庆寿	男	1903	石塘村	1925	1928 年在抗敌围攻石塘寨突围战斗中牺牲	石塘农民自卫军战士
刘庚三	男	1901	石塘村	1926	1928 年在抗敌围攻石塘寨时，在寨中病故	石塘农民自卫军战士
张冬香	男	1871	石塘村	1925	1928 年在抗敌围攻石塘寨时，在寨中病故	石塘农民自卫军战士
李维章	男	1893	石塘村	1925	1928 年在抗敌围攻石塘寨突围战斗中牺牲	石塘农民自卫军战士
李成林	男	1882	石塘村	1925	1928 年在抗敌围攻石塘寨时被捕，被杀害于历林村	石塘农民自卫军战士
黄丙招	女	1893	石塘村	1926	1928 年在抗敌围攻石塘寨时病故	石塘农民自卫军战士
李发贤	男	1875	石塘村	1925	1928 年在抗敌围攻石塘寨战斗中牺牲	第五区农民自卫军战士
李有名	男	1911	石塘村	1925	1928 年在抗敌围攻石塘寨战斗中牺牲	第五区农民自卫军战士
李家修	男	1909	石塘村	1925	1928 年在抗敌围攻石塘寨战斗中牺牲	第五区农民自卫军战士
刘庚妹	女	1876	石塘村	1925	1928 年在抗敌围攻石塘寨战斗中牺牲	石塘农民自卫军战士
李桂兰	女	1897	石塘村	1925	1928 年在抗敌围攻石塘寨战斗中牺牲	石塘农民自卫军战士
李丙英	女	1873	石塘村	1925	1928 年在抗敌围攻石塘寨战斗中牺牲	石塘农民自卫军战士
李神祥	男	1905	石塘村	1925	1928 年在抗敌围攻石塘寨战斗中病故	石塘农民自卫军战士
张甲秀	女	1904	石塘村	1925	1928 年在抗敌围攻石塘寨战斗中牺牲	石塘农民自卫军战士
李其进	男	1911	石塘村	1925	1930 年在浉溪山打游击时被捕，被杀害于仁化县城	中国工农红军第四独立团战士、仁化县游击队大队队员
李彩茶	女	1910	石塘村	1925	1928 年在抗敌围攻石塘寨战斗中牺牲	石塘农会交通员
黄元仔	女	1890	石塘村	1924	1928 年在抗敌围攻石塘寨时被俘，后遭杀害	石塘农民自卫军战士
李慎民	男	1906	石塘村	1925	1928 年在抗敌围攻石塘寨战斗中牺牲	石塘农民自卫军战士
邓乐昌	女	1892	石塘村	1926	1928 年在抗敌围攻石塘寨战斗中牺牲	石塘农民自卫军战士
蔡寿先	男	1891	石塘村	1925	1928 年在抗敌围攻石塘寨时，在寨中病故	石塘农民自卫军战士
刘义秀	男	1896	石塘村	1925	1928 年在抗敌围攻石塘寨时，在寨中病故	石塘农民自卫军战士
李思招	女	1895	石塘村	1925	1928 年在抗敌围攻石塘寨战斗中牺牲	石塘农民自卫军战士
李德厚	男	1849	石塘村	1925	1927 年在曲江犁市被捕，同年 7 月在马斯坳遭敌杀害	石塘农民自卫军战士
李林兴	男	1893	石塘村	1925	1928 年被捕，于水历村遭敌杀害	石塘农民自卫军战士
蔡双基	男	1874	石塘村	1925	1928 年在抗敌围攻石堆寨中病故	第五区农民自卫军战士
李善祥	男	1888	石塘村	1925	1928 年在抗敌围攻石堆寨中病故	石塘农军战士

续表 13

姓名	性别	出生时间（年）	籍贯	参加革命时间（年）	牺牲时间、地点、原因	牺牲时单位、职务
李决娇	女	1862	石塘村	1925	1928 年在抗敌围攻石塘寨战斗中牺牲	石塘农民自卫军战士
叶年娇	女	1867	石塘村	1925	1928 年在抗敌围攻石塘寨战斗中牺牲	石塘农会妇女干部、第五区农民自卫军战士
李芳英	男	1875	石塘村	1925	1928 年给游击队运粮时被捕，被杀害于曲江县	第五区农民自卫军战士
李成年	男	1893	石塘村	1925	1928 年在抗敌围攻石塘寨战斗中牺牲	石塘农民自卫军战士
李永章	男	1874	石塘村	1925	1928 年在抗敌围攻石塘寨中病故	第五区农民自卫军战士
刘粟麻	女	1874	石塘村	1925	1928 年在抗敌围攻石塘寨中病故	石塘农军战士
李甲养	男	1905	石塘村	1925	1928 年在抗敌围攻石塘寨时被俘，被杀害于石塘文昌街	第五区农民自卫军战士
李国治	男	1891	石塘村	1925	1928 年在抗敌围攻石塘寨时被捕，被杀害于石塘文昌街	第五区农民自卫军战士
黄庚招	女	1873	石塘村	1925	1928 年在抗敌围攻石塘寨战斗中牺牲	石塘农军战士
李宗潘	男	1873	石塘村	1925	1928 年在抗敌围攻石塘寨战斗中牺牲	第五区农民自卫军战士、石塘农军宣传员
李茄善	男	1874	石塘村	1925	1928 年在抗敌围攻石塘寨战斗中牺牲	石塘农军战士
李国寿	男	1874	石塘村	1925	1929 年在澌溪山游击中牺牲	中国工农红军第四独立团战士
刘乙香	女	1896	石塘村	1925	1928 年在抗敌围攻石塘寨战斗中牺牲	石塘农民自卫军战士
蔡家先	男	1892	石塘村	1925	1928 年在抗敌围攻石塘寨战斗中牺牲	石塘农军战士
张丁香	女	1884	石塘村	1925	1928 年在抗敌围攻石塘寨战斗中牺牲	石塘农民自卫军战士
李礼国	男	1905	石塘村	1925	1928 年在抗敌围攻石塘寨战斗中牺牲	石塘农军战士
李超成	男	1880	石塘村	1925	1928 年在抗敌围攻石塘寨战斗中牺牲	石塘农军战士
叶甲秀	女	1870	石塘村	1925	1928 年在抗敌围攻石塘寨战斗中牺牲	石塘农民自卫军战士
李丙有	男	1875	石塘村	1925	1928 年在抗敌围攻石塘寨战斗中牺牲	石塘农民自卫军战士
李扶正	男	1885	石塘村	1925	1928 年石塘寨失守后被捕，后遭杀害	石塘农民自卫军战士
李家顺	男	1879	石塘村	1925	1927 年在乐昌被敌杀害	石塘农民自卫军战士
蔡通准	男	1901	石塘村	1925	1928 年在抗敌围攻石塘寨时被俘，被杀害于水沥村	石塘农军班长
张甲福	男	1897	石塘村	1925	1928 年在抗敌围攻石塘寨战斗中牺牲	石塘农民自卫军战士
李胜林	男	1887	石塘村	1925	1928 年在抗敌围攻石塘寨战斗中牺牲	石塘农军战士
李肇基	男	1897	石塘村	1925	1928 年在抗敌围攻石塘寨战斗中牺牲	石塘农军战士
李德年	男	1890	石塘村	1925	1928 年在抗敌围攻石塘寨中病故	石塘农军副连长
杨甲妹	女	1884	石塘村	1925	1928 年在抗敌围攻石塘寨中病故	石塘农军战士
黄保池	男	1905	石塘村	1925	1928 年在曲江县伏石岭战斗中牺牲	石塘农军战士

续表 13

姓名	性别	出生时间（年）	籍贯	参加革命时间（年）	牺牲时间、地点、原因	牺牲时单位、职务
李树有	男	1902	石塘村	1925	1927 年被捕，被敌杀害于乐昌县	第五区农民自卫军战士、石塘农会执行委员
李国桢	男	1903	石塘村	1925	1928 年在石塘曾屋战斗中牺牲	石塘农军战士
李家忠	男	1878	石塘村	1925	1928 年在石塘寨保卫战中牺牲	石塘农军战士
李彩庚	女	1909	石塘村	1925	1928 年在抗敌围攻石塘寨战斗中牺牲	石塘农民自卫军战士
李普总	男	1875	石塘村	1925	1928 年石塘失守后被捕，被杀害于石塘文昌街	第五区农民自卫军战士
李善涛	男	1895	石塘村	1925	1928 年在抗敌围攻石塘寨时被俘，被杀害于韶关	第五区农民自卫军战士
李祥云	男	1877	石塘村	1925	1927 年在曲江县被捕，被杀害于董塘	第五区农民自卫军战士
李超金	男	1879	石塘村	1925	1928 年在抗敌围攻石塘寨时被俘，被敌挖去眼睛后杀害	第五区农民自卫军战士
李家福	男	1887	石塘村	1925	1928 年在抗敌围攻石塘寨突围 战斗中牺牲	第五区农民自卫军战士
邱细香	女	1881	石塘村	1925	1928 年在抗敌围攻石塘寨突围战斗中牺牲	第五区农民自卫军战士
李悦兴	男	1883	石塘村	1928	1928 年在抗敌围攻石塘寨战斗中牺牲	第五区农民自卫军战士
李福林	男	1911	石塘村	1925	1928 年在抗敌围攻石塘寨战斗中牺牲	第五区农民自卫军战士
李田养	男	1912	石塘村	1925	1928 年在抗敌围攻石塘寨战斗中牺牲	石塘农民自卫军战士
何忠茂	男	1907	石塘村	1925	1928 年在抗敌围攻石塘寨战斗中牺牲	石塘农民自卫军战士
李建霞	男	1904	石塘村	1925	1928 年在抗敌围攻石塘寨战斗中牺牲	石塘农民自卫军战士
陈常秀	女	1875	石塘村	1925	1928 年在抗敌围攻石塘寨战斗中牺牲	石塘农民自卫军战士
李悦志	男	1887	石塘村	1925	1928 年在抗敌围攻石塘寨战斗中牺牲	石塘农民自卫军排长
朱己英	女	1891	石塘村	1925	1928 年在守卫石塘寨战斗中病故	石塘农民自卫军战士
李成昌	男	1890	石塘村	1925	1928 年在石塘寨保卫战中病故	石塘农民自卫军战士
李扶庆	男	1894	石塘村	1925	1928 年石塘寨失守后被俘，被杀害于石塘文昌街	石塘农民自卫军战士
李乙成（李已成）	女	1897	石塘村	1925	1928 年保卫石塘寨战斗中病故	石塘农民自卫军战士
李宋兴	男	1893	石塘村	1925	1928 年石塘寨保卫战口病故	石塘农民自卫军战士
黄桂如	女	1877	石塘村	1925	1928 年石塘寨保卫战口牺牲	石塘农民自卫军战士
谭吉珍	女	1895	石塘村	1925	1928 年石塘寨保卫战口牺牲	石塘农民自卫军战士
李巧全	男	1882	石塘村	1925	1928 年在石塘寨保卫战中牺牲	第五区农民自卫军战士
谭世隆	男	1899	石塘村	1925	1928 年在石塘寨保卫战中牺牲	第五区农民自卫军战士

续表 13

姓名	性别	出生时间（年）	籍贯	参加革命时间（年）	牺牲时间、地点、原因	牺牲时单位、职务
黄运仔	女	1893	石塘村	1925	1928 年在石塘寨保卫战中牺牲	第五区农民自卫军战士
李冢晋	男	1873	石塘村	1925	1928 年在石塘寨保卫战中牺牲	第五区农民自卫军战士
李昌有	男	1909	石塘村	1925	1928 年抗敌围攻石塘寨时被捕，被杀害于石塘文昌街	石塘农军班长
张二秀	女	1884	石塘村	1925	1928 年抗敌围攻石塘寨战斗中牺牲	第五区农民自卫军战士
徐满嫂	女	1901	石塘村	1925	1928 年抗敌围攻石塘寨战斗中牺牲	石塘农民自卫军战士
李仪古	男	1883	石塘村	1925	1928 年抗敌围攻石塘寨战斗中牺牲	石塘农民自卫军战士
李昱基	男	1905	石塘村	1927	1930 年在韶关被捕，同年 9 月被敌杀害	红军独立团四营营长
李载基	男	1897	石塘村	1924	1947 年被捕，在仁化监狱被敌下毒药杀害	石塘农会执行委员、中国工农红军第四独立团战士、仁化县游击队大队队员
李宏贤	男	1875	石塘村	1925	1928 年抗敌围攻石塘寨时被捕，被杀害于历林村	石塘农民自卫军战士
李修敬	男	1879	石塘村	1925	1928 年在打游击时失踪	中国工农红军第四独立团战士
李建云	男	1906	石塘村	1925	1928 年抗敌围攻石塘寨时被捕，被杀害于石塘村	石塘农民自卫军战士
谭秀兰	女	1888	石塘村	1925	1928 年抗敌围攻石塘寨战斗中病故	石塘农民自卫军战士
李乾富	男	1895	石塘村	1926	1928 年抗敌围攻石塘寨战斗中病故	石塘农民自卫军战士
李桶发	男	1875	石塘村	1928	1927 年 5 月在乐昌廊田被捕，被杀害于乐昌县	石塘农民自卫军战士
李普统	男	1877	石塘村	1925	1928 年抗敌围攻石塘寨失守时被捕，被杀害于石塘文昌街	石塘农民自卫军战士
李长乐	男	1906	石塘村	1925	1928 年抗敌围攻石塘寨战斗中牺牲	石塘农民自卫军战士
李冯金	男	1900	石塘村	1924	1928 年抗敌围攻石塘寨战斗中牺牲	石塘农民自卫军战士
李富兴	男	1879	石塘村	1925	1928 年抗敌围攻石塘寨战斗中牺牲	石塘农民自卫军战士
李小基	男	1893	石塘村	1925	1928 年抗敌围攻石塘寨战斗中牺牲	第五区农民自卫军战士
李家有	男	1889	石塘村	1925	1927 年被捕，被杀害于历林村	石塘农民自卫军战士
李德军（李德金）	男	1904	石塘村	1924	1928 年抗敌围攻石塘寨战斗中牺牲	第五区农民自卫军战士、石塘农会常务会员
李立基	男	1905	石塘村	1927	1928 年在江西赣州失踪	红军指战员
李家善	男	1878	石塘村	1925	1928 年被敌人杀害于石塘村文昌阁	石塘农民自卫军战士
李国林	男	1910	石塘村	1925	1928 年抗敌围攻石塘寨战斗中牺牲	石塘农民自卫军战士

名人与石塘

阮啸仙
仁化县史志办公室　提供

阮啸仙与石塘　1925年秋天，时任广州农讲所第三届主任、广东省农民协会常务委员的阮啸仙到仁化，指导建立农民协会和农民自卫军，安岗、水罗、老董塘、高宅、上坡头、石塘、京地、上中坌、田庄等10多个乡相继成立了农会，会员共453人。到1926年，全县农会会员发展到9000多人，并成立了董塘区农会和区农民自卫军（有300多人，建立一个团，领导人廖汉忠、蔡卓文，下辖4个营）。

大革命失败后，阮啸仙成为被南京国民党中央执监委联席会议通缉的179名共产党重要干部之一。在严重的白色恐怖形势下，阮啸仙却能从革命低潮的形势，看到革命的高潮必将到来，坚信革命的胜利。阮啸仙受命于危难之际，来到仁化，开展武装割据，领导苏维埃运动，探索新的革命道路。

阮啸仙（着西装站立者）在群众集会上发表演说
仁化县史志办公室　提供

《阮啸仙召开武装大会》（水彩画）
仁化县史志办公室　提供

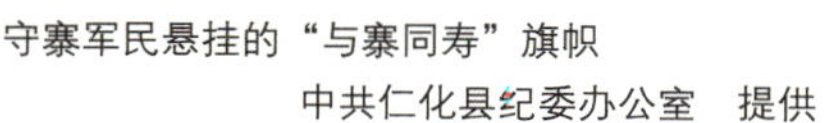
守寨军民悬挂的“与寨同寿”旗帜
中共仁化县纪委办公室　提供

1928 年，双峰寨南门及西南门被国民党飞机炸塌情形
韶关市博物馆藏，仁化县史志办公室　提供

1928 年 1 月 23 日，阮啸仙来到仁化县董塘安岗，主持仁化工作，领导人民开展革命和武装反抗国民党反动派的斗争，计划把仁化开创为粤北武装割据的中心和“海陆丰第二”①。1 月 23 日，中共仁化县委成立，阮啸仙任书记，主持县委领导工作。1928 年 1 月 27 日，根据县委的决定，阮啸仙主持召开了董塘区武装大会，有安岗、老董塘、石塘等 23 个乡的农民武装参加，共 2000 余人，持有子弹枪、粉枪、锄头、镰刮等武器 1000 余支，其中有妇女 200 多人。2 月，以仁化武装农民为主力的广东工农革命军北路第八独立团举行大暴动，攻占仁化县城，建立苏维埃政权。

2 月 20 日，新任仁化县县长邰重魁纠集国民党正规部队范石生的十六军一三六团和当地反动武装 2000 多人，再次向仁化苏维埃政权反扑，妄图彻底摧毁红色政权。其中国民党的正规部队和地主、土匪武装共 1000 多人，集中攻击安岗华阳寨。阮啸仙指挥华阳寨保卫战，率领、指挥华阳寨军民与敌人苦战四五天，打退敌人多次进攻。由于敌我力量过于悬殊，寨内弹药缺乏，又得不到外面的援助，形势越来越险恶，阮啸仙遵照组织的嘱托，在一名人员的陪同下突围，于 3 月 1 日抵达北江特委报告，研究如何进一步开展武装暴动，支援华阳寨保卫战问题。后因奉命从香港前往莫斯科参加中共六大，未能再回仁化。华阳寨保卫战由蔡卓文继续指挥，他遵照阮啸仙临行前的指示，坚持到 3 月 9 日晚，胜利突围，一部分开往澌溪山打游击，一部分与石塘的工农革命军会合，投入了保卫石塘寨的战斗。阮啸仙虽未参加石塘寨保卫战，但他呕心沥血亲自组织和培养起来的仁化军民，继续坚持武装割据的斗争。

---

① 《中国共产党仁化县地方史（1925—1949）》，仁化县史志办公室著，中共党史出版社，2006 年 7 月第 1 版，第 75 页。

对于华阳寨、石塘寨保卫战，中共广东省委给予了很高的评价。阮啸仙在中共六大发言中指出："仁化暴动是'四一二'反革命政变后少见的农民武装起义，它是全国各地农民武装夺取政权，实行土地革命战争的先导之一，也是广大农民团结起来求解放的伟大斗争序幕。"[①]

王定国参观石塘　1995 年 6 月 2 日，中国干部教育协会常务副主席、人民日报社特邀编委、红军老战士、谢觉哉夫人王定国和中国人民解放军海军原副司令员杨国宁等一行 10 多人，在中共韶关市委宣传部和仁化县领导陪同下，到石塘双峰寨参观考察。王定国在考察后写下了"双峰斗争史，热血写春秋"的题词。

陈昊苏二到石塘双峰寨　2012 年 11 月 20 日，陈毅元帅之子、北京市原副市长、中国人民对外友好协会原会长陈昊苏与老一辈无产阶级革命家周恩来、朱德、何长工等将帅、英杰的后代，到县革命老区董塘、石塘寻访父辈革命足迹。

石塘农会办公旧址简介牌（2017 年）
谢嘉文　摄

1927—1928 年，老一辈无产阶级革命家朱德、陈毅等活跃在仁化董塘、石塘等地，领导和指挥革命军和农会组织参加武装革命暴动，留下了动人的斗争故事。在石塘双峰寨，陈昊苏一行仔细聆听了双峰寨保卫战斗争史，参观了古寨历史照片和文物、文献。一幅幅生动的历史照片，一件件承载着历史的实物，仿佛把大家又带到了硝烟弥漫的战争年代。睹物思人，追忆当年父辈的革命活动，陈昊苏、何光晔等感慨万千。陈昊苏说，踏上父辈们曾经抛头颅、洒热血的热土，心情非常激动，几十年过去了，仁化革命老区发生了巨大的变化，革命斗争遗址保护得非常完好，希望新一代不要忘记历史，把革命精神转化为科学发展的强大精神动力，继往开来，建设更加美好的新仁化。陈昊苏欣然地题写了"双峰保障，粤北奇观"八个大字，并深情地写了三首诗："一行粤北探繁荣，放眼岭南盛业隆。韶乐关雄连水碧，丹升霞举映山红。""农军死战

---

① 仁化县史志办公室著：《中国共产党仁化县地方史（1925—1949）》，中共党史出版社，2006 年 7 月第 1 版，第 85 页。

陈昊苏（前排中）在石塘双峰寨前与部分革命后代代表合影留念（2012 年）　　龙全明　摄

事空前，坚守孤城近一年。粤北奇观开创日，井冈星火正燎原。”“建军历史溯源头，三省雄飞俱一流。红色中华原创地，由南至北信天游。”

2014 年 10 月 19—21 日，陈昊苏应邀参加由中央党史研究室宣传教育局、广东省委党史研究室、中共韶关市委、广东党史学会、广东党史人物研究会联合主办，中共仁化县委、仁化县人民政府承办，在仁化县举办的“纪念仁化暴动 87 周年暨红军长征过境粤北 80 周年学术研讨会”。参会期间，陈昊苏再次到石塘老区重温“苏区精神”，并欣然题诗：“血战双峰共死生，工农壮志百年情。天旋地转英雄气，万世千秋拜典型。”

俯拍石塘双峰寨（2017 年）　　龙全明　摄

大事纪略

集古建筑、红色史与优良传统民俗民风于一体，交通便利的石塘村，在愈发重视乡村旅游与振兴的今天，不断得到当地与上级政府的重视和世人的认识、认知与认可，石塘村亦获得一系列荣誉。故于此择其要者大略记之。

◉ 2006 年双峰寨获评全国重点文物保护单位

石塘双峰寨保卫战在中国农民运动史上写下了光辉的一页。1978 年，双峰寨被列为省文物重点保护单位；2006 年，被列为省爱国主义教育基地；2006 年 5 月，被国务院列为全国重点文物保护单位。2006 年 11 月 13 日，仁化县在石塘双峰寨举行全国重点文物保护单位挂牌仪式。

◉ 2010 年石塘村成功申报“中国历史文化名村”

2006 年 5 月，石塘村双峰寨被列入“全国重点文物保护单位”。为进一步开发石塘村旅游资源，县、镇政府开展系列旅游文化建设，一边做好“石塘月姐歌”和“仁化石塘堆花米酒”申报非物质文化遗产及其传承与保护工作，一边积极向广东省住房和城乡建设厅、文化厅申报省级历史文化名村。2009 年 12 月，经广东省人民政府同意，石塘村被广东省住房和城乡建设厅、广东省文化厅联合授予“广东省历史文化名村”，并作为广东省两个候选村落之一推荐上报住房城乡建设部、国家文物局参评“中国历史文化名村”。

2010 年 4 月，仁化县人民政府根据《中华人民共和国文物保护法》、国务院《历史文化名城名镇名村保护条例》、住房城乡建设部《城市紫线管理办法》《广东省历史文化街区、名镇、名村评选办法》等规定，出台《仁化县历史文化名村保护工作方案》，从指导思想、总体目标、工作内容、保障措施等方面对县域历史文化名村的保护利用、文化传承等工作作方向性、规范性部署。同时，县、镇争取上级专项资金和投入资金对石塘村的历史建筑予以修缮维护、开发利用，做好相关数据建档与完善、旅游规划编制等工作。

2010 年 7 月，石塘村被评为第五批“中国历史文化名村”。

◉ 2012 年石塘村被评为“广东最具红色景观村落”

2007 年，广东在全国率先发起古村落保护专项工作，保护在广东省区域内、清代（包括清代）以前形成的，能较完整地反映某一历史时期的传统风貌、地方特色、民俗风情，具有较高历史、文化、艺术和科学价值的村落；组建了一支相关领域专家学者队伍，调查全省各地乡村古村落；制定了《广东省古村落认定标准》《广东省古村落抢救保护实施方案》。

2012 年 3 月 21 日，中共广东省委宣传部、广东省文学艺术界联合会、广东省民间文艺家协会等联合举办“寻找广东十大最美古村落”。该评选活动根据《广东省古村落认定标准》，通过专家评定、网友参与的方式，选定 100 个入围的“最美古村落”，并从中选出“十大最美古村落”。

2012 年 11 月 29 日，广东十大最美古村落在佛山西樵山揭晓，该次获选的十大最美古村落和特色古村落代表了广府、潮汕、客家和粤北古村落的风格，表现出水乡文化、山居文化、海洋文化的特点，基本囊括了全省古村落精华。石塘村因其丰厚的红色文化元素以“最具红色景观特色”被评为广东十大特色古村落。

◉ 2012 年石塘村入选首批“中国传统村落”名录

截至 2012 年年底，石塘村拥有“全国重点文物保护单位”“中国历史文化名村”“全国首批传统村落”3 张国家级名片，“广东省爱国主义教育基地”、“广东省中共党史教育基地”、省级非物质文化遗产“月姐歌”和“堆花酒酿造技艺”、广东十大特色古村落 5 张省级名片。镇党委政府以“做足农字文章、做活旅游文章、做好老区文章”为发展思路，抢抓机遇，大力发展休闲农业和乡村旅游业，着力把石塘村打造成为融自然风光、红色历史、人文景观、民俗文化为一体的乡村休闲旅游景区。

通过努力，仁化县石塘村传统村落符合以下标准：现存建筑有一定久远度，文物保护单位等级达到标准，传统建筑占地规模、现存传统建筑（群）和周边环境保存有一定完整性，该村落在选址、规划等方面，代表所在地域、民族及特定历史时期典型特征，有一定科学、文化、历史以及考古价值，并与周边自然环境相协调，承载一定非物质文化遗产。

2012 年 12 月 20 日，住房城乡建设部、文化部、财政部公布第一批“中国传统村落”名录，仁化县石塘镇石塘村等 646 个村落列入“中国传统村落”名录。石塘村成为韶关市各县（市、区）唯一上榜村落。

◉ 2016 年石塘村获评国家 AAA 级旅游景区

2015 年 3 月，仁化县启动石塘古村创建国家 AAA 级旅游景区工作。2016 年 2 月，石塘古村成功创建为国家 AAA 级旅游景区，成为该县除丹霞山以外的另一个国家 AAA 级及以上旅游景区。2016 年 5 月 31 日，国家 AAA 级旅游景区石塘古村揭牌仪式在石塘村举行，韶关市旅游局有关负责人和仁化县领导等人参加揭牌仪式。

国家 AAA 级旅游景区——石塘古村揭牌仪式（2016）　　龙全明　摄

◉ 主要参考文献

1. 仁化县史志办公室著：《中国共产党仁化县地方史（第一卷）（1925—1949）》，中共党史出版社，2006 年。

2.《仁化暴动和苏区研究》编纂委员会编：《仁化暴动和苏区研究》，中共党史出版社，2015 年。

3. 仁化县史志办公室编著：《革命老区仁化》，中央文献出版社，2014 年。

4. 周嵘、徐诚林著：《中国名村石塘》，广州出版社，2012 年。

5. 中共仁化县委党史研究室编：《仁化党史资料选编（1923—1949）》，1997 年。

6. 仁化县史志办公室、仁化县档案局编：《仁化县历代方志集成》，2016 年。

7. 仁化县地方志编纂委员会编：《仁化县志》，方志出版社，2014 年。

8. 仁化县地方志编纂委员会编：《仁化县志（1979—2000）》，广东人民出版社，2009 年。

9. 仁化年鉴编纂委员会编：历年《仁化年鉴》，方志出版社。

◉ 编纂始末

《石塘村志》历经 10 个月，经酝酿准备、紧张编纂、排版校正、成稿送审，终于形成定稿，送方志出版社出版。

精心设计篇目。2016 年 11 月 21 日，仁化县史志办公室派出有关人员参加了广东省启动中国名村志文化工程举办的第一期培训班。回来后，我们一边向县委、县政府有关领导汇报编纂名村志《石塘村志》的意义和设想，一边主动积极联系石塘村，争取当地党委政府支持。同时，酝酿编纂该村志所需的素材，做好编纂村志的人财物准备工作。2017 年 1 月 11 日，按《中国名村志文化工程实施方案》要求起草《〈石塘村志〉编写纲目》；后经多次到石塘村实地调研，反复修改计 13 次，于 3 月 15 日形成送省地方志办报中国地方志指导小组办公室（以下简称“中指办”）的篇目稿。4 月 5 日，收到省地方志办转来的《石塘村志》篇目中指办反馈稿。在此基础上，我们对《石塘村志》篇目进行完善，形成最终的篇目定稿。

抢时间编纂村志。2017 年 3 月，我办着手编纂《石塘村志》；4 月 1 日，形成村志雏形；5 月 19 日，形成送审稿送印刷厂排版。由于是首次编纂名村志，缺乏经验，任务重，时间紧。除了 2016 年出版的首批名镇志可供学习、参考、借鉴外，有关人员只能一边和时间赛跑，一边“摸着石头过河”。在村志编纂近两个月的时间里，有关人员发挥“5+2”“黑 + 白”加班加点的废寝忘食工作精神，多次到石塘村走访、调研，搜集资料，挖掘素材，拍摄照片，核对史实，协调有关事项。经 15 次修改、补充、完善、校核书稿，方形成图文并茂的送审稿。

补充完善成村志定稿。2017 年 6 月和 9 月，我们在中指办和省地方志办专家的悉心指导下，结合专家给出的《石塘村志》修改意见，反复对该村志进行认真校核，补充完善相关资料，前后经 20 次反复修改，终成定稿，并经中指办送出版社出版。

在编纂《石塘村志》时，我们主要注重以下几点。概述及类目设计突出石塘村的“名”与“特”。在“广东最具红色景观古村”的开篇概述里，突出了石塘村历史悠久、建筑特色鲜明、红色元素突出、文化遗产独特的特点。围绕石塘村的这四大特点，设计出历史名村、特色文化、旅游开发、风土民情、艺文杂记等主要类目展开记述。历史名村围绕粤北“千家村”这一主题，从宗祠、照壁、街巷、炮楼、门楼、闸门、井泉、茶亭、驿道、寺庙等要素记述上榜中国历史文化名村、中国传统村落的理由。南粤古驿道定向大赛、“一带一路”汽车集结赛暨南粤古驿道文化万里行、“醉美历史古镇，穿越红色石塘”趣味定向大赛等一系列特色文化赛事和非物质文化遗产月姐歌、堆花米酒等特色文化，再次凸显石塘村的与众不同。

在《石塘村志》编纂过程中，我们得到了中指办、方志出版社、省地方志办、广州市地方志办、市史志办有关专家的指导，得到了中共仁化县委、县人民政府的高度重视和石塘镇党委、镇政府的大力支持，而石塘村委会和石塘村民的主动积极参与，更是给予我们极大的帮助。正是有了上级领导和有关部门的重视、指导，当地村民的热心支持、帮助，《石塘村志》得以完成。在此，我们谨对有关单位和个人表示衷心的感谢。因本书中所选照片及文章众多，部分作品未能在出版前及时联系到著作权人，请著作权人看到后与我们联系，我们将奉上稿酬。

由于是首次且在短时间内编修中国名村志，编者水平、能力有限，难免出现错漏，敬请广大读者批评指正。

编　者

2017 年 9 月